2019 年国家社会科学基金项目"西北地区新型□□□□□同发展研究"（项目编号：19XJY005）资助

2021 年甘肃省哲学社会科学项目"'高质量'导向下甘肃省民族地区多层次社会保障体系健全完善研究"（项目编号：2021YB027）资助

2023 年西北民族大学中央高校基本科研业务费专项资金项目"共同富裕进程中民族地区多层次医疗保障体系高质量发展研究：机制、效应与政策优化"（项目编号：31920230120）资助

共同富裕目标下

社会保障

高质量发展研究

王亦龙 ——————— 著

九州出版社
JIUZHOUPRESS

图书在版编目（CIP）数据

共同富裕目标下社会保障高质量发展研究 / 王亦龙
著 . -- 北京 : 九州出版社，2023.11
ISBN 978-7-5225-2381-1

Ⅰ . ①共… Ⅱ . ①王… Ⅲ . ①社会保障－研究－中国
Ⅳ . ① D632.1

中国国家版本馆 CIP 数据核字 (2023) 第 203285 号

共同富裕目标下社会保障高质量发展研究

作　　者	王亦龙　著
责任编辑	云岩涛
出版发行	九州出版社
地　　址	北京市西城区阜外大街甲 35 号（100037）
发行电话	(010)68992190/3/5/6
网　　址	www.jiuzhoupress.com
印　　刷	定州启航印刷有限公司
开　　本	710 毫米 ×1000 毫米　　16 开
印　　张	11.5
字　　数	170 千字
版　　次	2023 年 11 月第 1 版
印　　次	2023 年 11 月第 1 次印刷
书　　号	ISBN 978-7-5225-2381-1
定　　价	68.00 元

前　言

一、问题的提出

随着社会的不断进步，在物质文明和精神文明高度发展的今天，社会保障和共同富裕已经成为人们越来越关注的焦点。党的二十大报告提出，"中国式现代化是全体人民共同富裕的现代化"。共同富裕是中国特色社会主义的本质要求，是中国式现代化的重要特征。目前，中国的社会保障制度以社会保险为主体，包括社会救助、社会福利、社会优抚等制度在内，是世界上规模最大的社会保障体系。这为人民创造美好生活奠定了坚实基础，为打赢脱贫攻坚战提供了有力支撑。

二、研究的意义

随着中国特色社会主义进入新时代，我国社会保障体系具有逐步满足人民群众日益增长的多样化社会保障需求，注重公平共享与互助共济，充分体现人民性和社会主义制度优势，注重社会保障改革的协调推进与城乡统筹发展，重视发挥集体、社区在社会保障中的作用，强调发挥家庭保障的基础性作用等重要特征。社会保障制度是全民共享社会发展成果的基本途径，承担着社会财富再分配的重要责任，对推动和实现共同富裕发挥着基础性支撑的重要作用。健全的、高质量的社会保障体系建设与共同富裕目标，在价值理念、参与主体及覆盖对象等方面具有多维一致性。从社会保障制度的功能来看，健全的社会保障体系一方面通过整体制度设计与实践（如社会保险、社会救助与社会福利的有效链接）发挥对共同富裕的合力推动作用，另一方面则通过具体社会保障项目，发挥社会保障领域助推共同富裕目标实现的作用，从而使共同富裕的张力得到提升。换言之，社会保障制度的功能包括：社会保障制度体系整体合力推动共同富裕，社会保险制度体系支撑共同富裕，社会保险强调基本生活保障，社会保险通过"互助共济"化解社会风险，齐全的社会保险项目满足居民多样化需求，社会救助制度体系兜底共同富裕，社会福利体系助推共同富裕，补充性保障发展促进共同富裕等。实现共同富裕并不是强调平均主义，也不是让社会财富分配变得简单划一，人们需要深刻认识共同富裕中的差别化保障存在的必要性。从理论上来看，共同富裕是全体人民普遍富裕基础之上的差别富裕，而适宜的补充性保障则能够顺应这种差别，并增强社会成员创业创新的内在动力。补充性保障与共同富裕之间存在协同的关系。所以，社会保障公共服务的城乡一体化、均等化，为落后地区及低收入人群、困难人群等获得公共服务提供了便利，增强了群众的获得感、安全感和幸福感，对推动共同富裕目标具有基础性、现实性和战略性意义。因此，社会保障促进实现共同富裕的研究，对我国社会具有非常重要的理论与现实意义，本书精确、全面的分析，可以为实现新时代我国在共同富裕目标下社会保障的高质量发展提供依据，为政府和有关部门制定相应政策提供帮助。

三、研究的内容

本文共分为七章。第一章介绍我国社会保障制度溯源与制度变迁，论述了我国社会保障制度的发展历程，为后面的分析打下了基础。第二章介绍了国内外关于社会保障的研究，对国内外关于社会保障的研究做出了详尽的阐述，便于借鉴前人经验。第三章对于新时代中国特色社会保障道路进行了分析，肯定了我国社会保障事业取得的重大发展成就。第四章分析了共同富裕的理论演进、学理阐释与政策实践，为读者展现了中国共产党追求共同富裕的百年发展历程，这一章内容为第五章社会保障制度高质量发展对于共同富裕的价值理路奠定了基础。第六章分析了共同富裕目标下社会保障制度高质量发展面临的挑战。第七章对我国在共同富裕目标下社会保障制度高质量发展的合理路径进行了研究，并在前面研究分析的基础上，通过总结问题所在，阐明原因，寻求了解决问题的具体措施。

目　录

第一章　我国社会保障制度溯源与制度变迁

共同富裕是中国特色社会主义的本质要求，是中国现代化的重要特征。2021年，中国共产党中央财经委员会第十次会议指出，要实现共同富裕，使人民群众共享发展的成果，"促进基本公共服务均等化，加大普惠性人力资本投入，完善养老和医疗保障体系、兜底救助体系、住房供应和保障体系"是其中重要的一环。

纵观我国社会保障体系的发展历程，可以将其分为四个阶段，分别是思想萌芽与实践性探索阶段（1921—1949年）、传统社会保障制度阶段（1949—1978年）、现代社会保障制度探索与建立阶段（1978—2012年）和城乡社会保障制度融合与发展阶段（2012年以来）。具体来说，1949年之前，中国共产党尚未建立全国性政权，因此，当时的领导集体对社会保障政策的探索大多停留在思想层面，以及局部区域的初步尝试；中华人民共和国成立之后到改革开放之前，中国共产党通过单位的基层党组织或工会实现治理，当时的社会保障制度也因此呈现依靠单位的特征；改革开放后，我国社会保障制度的定位发生了根本性变化，从"建立与社会主义市场经济体制相适应的社会保障制度基本框架"，转变为"建立与国家治理体系和治理能力现代化相匹配的现代社会保障制度"。2012年之后，我国的社会保障制度开始进入城乡融合发展的新阶段。

第一节　思想萌芽与实践性探索阶段
（1921—1949年）

中华人民共和国成立之前，由于中国共产党尚未建立全国性政权，因此这一时期，我国的领导集体对社会保障制度的探索大多停留在思想层面，即使有一些实践性探索，其实施时间亦较短。这一阶段的社会保障思想与实践发展可以根据历史进程分为四个时期，分别是中国共产党成立及大革命时期、土地革命战争时期、抗日战争时期和解放战争时期。

1922 年 7 月，中国共产党第二次全国代表大会通过《中国共产党第二次全国代表大会宣言》，提出要"改良工人待遇"，包括废除包工制、设立工厂保险、保护失业工人等，这是中国共产党首次在党的全国代表大会上提出社会保障相关论述。1923 年 6 月，中国共产党第三次全国代表大会通过《中国共产党党纲草案》，提出通过"强迫的劳工保险法"保护工人利益。1926 年 5 月，《劳动法大纲决议案》出台，该决议再次强调设立劳动保险制度，相应费用由雇主或国库承担。这一思想对我国的社会保险制度产生了深远影响，中华人民共和国成立后很长一段时间内，我国的社会保险费用都是由企业和国家两方分担的，职工个人无须缴纳保险费用。

土地革命时期，中国共产党开始进行社会保障的探索性实践。在管理机构方面，1931 年，中华苏维埃共和国中央劳动人民委员部成立，设立社会保险局和失业工人局，负责保障工人的权利。在制度方面，1931 年，《中华苏维埃共和国劳动法》颁布；针对实践中存在的问题，1933 年 10 月，重修后的新《中华苏维埃共和国劳动法》公布。

抗日战争时期，社会保障的重点发生变化，同时注重改良工人生活和适度保护资产阶级合法利益，并实行灾荒救济和拥军优属等政策。[①] 解放战争时期，东北地区开始初步实施劳动保险制度。1948 年，东北地区颁布《东北公营企业战时暂行劳动保险条例》（以下简称《战时劳动保险条例》），该条例宣布，东北地区从 1949 年 1 月开始正式实施劳动保险政策，将铁路、矿山等行业的国有企业纳入其中，待遇包括工伤、医疗等方面。《战时劳动保险条例》具有重要的历史意义，对中华人民共和国成立之后的劳动保险制度具有深远影响，是之后劳动保险制度的蓝本。

总的来说，这一阶段中国共产党关于社会保障的思想与政策主张和

---

① 董克用，沈国权.党指引下的我国社会保障制度百年变迁[J].行政管理改革，2021（5）：26–35.

党的性质密切相关。中国共产党是马克思列宁主义同中国工人运动紧密结合的过程中应运而生的中国无产阶级政党，争取和保障无产阶级的利益是其基本诉求。

第二节　传统社会保障制度阶段
（1949—1978 年）

中华人民共和国成立后，中国共产党将其在革命根据地的管理经验向全国扩展。同时，中国共产党的工作重心由农村转入城市，在经济和政治层面开始建立社会主义体制。在经济层面，中国共产党通过没收官僚资本和统一财政工作等方式，迅速确立了国营经济的优势地位，初步建立起现代国家的经济体制。在政治层面，中国共产党通过一系列政治和社会运动，迅速摧毁了城市中旧的社会势力，通过工会、农会、青年团等群众组织和居委会等具有行政功能的基层组织实现对群众的直接领导。建立社会主义体制的这一过程对我国的劳动关系和社会保障制度产生了深远影响。具体说来，在城市，国家为解决失业问题，开始使用将工人"包下来"等行政手段组织和干预劳动市场，并使用国家劳动计划实现对职工工资和人数的控制；[①] 在农村，为保证城市居民的生活需要，并将大部分农业剩余转化为国家积累，国家开始对农产品实行统购统销制度，同时，为规范城市居民生活必需品的供给，国家逐步建立户口登记制度。最终形成严格的城乡分立的户籍制度，制度化的城乡二元结构就此形成。此时，社会保障制度也呈现二元分割的特点：面向企业职工的劳动保险制度和面向机关事业单位职工的社会保障制度构成城镇社会保障制度，"五保"制度、合作医疗制度和少量的救济项目构成农村社会保障制度。

---

① 　路风 . 单位：一种特殊的社会组织形式 [J]. 中国社会科学，1989（1）：71—88.

　　一定程度上，中华人民共和国成立后中国共产党在城镇建立的社会保障制度是对中华人民共和国成立前社会保障制度构想的体现，同时融合了革命根据地的实践经验，以及中华人民共和国成立初期"消除城市失业、稳定就业"的实践经验。1951 年，中央人民政府政务院公布《中华人民共和国劳动保险条例》（以下简称《劳动保险条例》），企业职工劳动保险制度正式建立。在内容方面，《劳动保险条例》是对《战时劳动保险条例》的完善。劳动保险总基金的 70% 存于各企业的工会基层委员会，作为劳动保险基金，用以支付工人与单位职员的抚恤费和补助费等。在管理机构方面，劳动保险的统筹和执行由各级工会负责，劳动保险的监督由各级人民政府劳动行政机关负责。1954 年，根据中华人民共和国劳动部（以下简称劳动部，现已变更）和全国总工会印发的《关于劳动保险业务移交工会统一管理的联合通知》，指出在覆盖范围方面，劳动保险覆盖所有企业，包括国有企业、公私合营企业和私营企业等，但在所有制体制变革的过程中，企业劳动保险开始只覆盖全民所有制企业。在资金来源和管理方面，企业按月缴纳职工工资总额的 3% 作为劳动保险金，由企业行政负责。劳动保险金的 30% 上缴中华全国总工会，劳动保险的全部工作由各级工会统筹，至此，劳动保险演变为"管办合一"。① 劳动保险由工会这一社会组织而非行政部门进行管理和经办，是这一阶段劳动保险制度的鲜明特征。在待遇保障方面，劳动保险为劳动者提供了全面保障，包括工伤、医疗、养老、死亡以及生育等待遇，并为职工家属提供了一定的医疗保障。《劳动保险条例》体现了我国当时的国家治理特征。首先，《劳动保险条例》规定，企业劳动保险的管理与统筹由各级工会负责，员工要享受劳动保险待遇，必须通过工会等机构的行政程序，这体现了当时国家是通过工会等基层组织实现对群众的直接管理的管理模式。这种管理模式在很

---

① 孟颖颖.中国社会保险行政管理体制的历史变迁及改革方向思考 [J].贵州社会科学，2011（9）：29-33.

大程度上制约了个人的流动性。同时，《劳动保险条例》还通过养老保险待遇问题进一步限制了个人在就业场所之间的流动。《劳动保险条例》规定，"男工人年满 60 岁，一般工龄满 25 年，女工人年满 55 岁，一般工龄满 20 年，且本企业工龄满 5 年者，可退职养老"。《中华人民共和国劳动保险条例实施细则修正草案》又对本企业工龄做了详细的规定，本企业工龄指的是"工人职员在本企业连续工作的时间，如曾离职，应自最后一次回本企业工作之日算起"。养老待遇和本企业工龄挂钩，"本企业工龄满 5 年未满 10 年者，付给本人工资的 50%；已满 10 年未满 15 年者，付给本人工资的 60%；已满 15 年及以上者，付给本人工资的 70%"。职工在不同企业之间的自由流动完全被切断，这种治理模式是由多种原因造成的。国家为了将群众组织起来，将现有的企业当成组织手段，执行行政功能，并采取将工人"包下来"的方式解决工人的就业问题。在这种就业方式下，当时的企业组织水平无法满足工人频繁流动的需要，国家只能采取工龄等方式将工人固定在企业中，使工人与企业形成一个整体，单位制也因此形成。

需要指出的是，企业的劳动保险是对低工资的补充。1956 年，中华人民共和国国务院（简称国务院）颁布《关于工资改革的决定》，开始实行货币工资制度。然而，在实践过程中，工人的收入由工龄决定，与企业效益和工人劳动生产率没有关系，这也是当时劳动保险制度的一个特点。劳动保险制度，包括其附属福利机构（如医院、食堂和托儿所等）成为对低工资的补充。

与面向企业职工的劳动保险制度不同，机关事业单位劳动保障制度是通过多项单独的法规条例逐步建立起来的。1950 年，中华人民共和国内务部（已撤销）颁布《革命工作人员伤亡褒恤暂行条例》；1952 年，中华人民共和国卫生部（以下简称卫生部，现已变更）颁布《国家工作人员公费医疗预防实施办法》；1955 年，国务院颁布《国家机关工作人员退休暂行办法》和《国家机关工作人员退职处理暂行办法》。这四个文件分别规定了机关事业单位工作人员工伤、医疗、退休和退职的处理办法。机关事业单位的社会保障制度与企业的劳动保险制度大致相同，但在工龄计算方法和资金来源方面存在一定差异。1958年，为解决部分职工应退未退的问题，并提高生产和工作效率，国务院公布施行《关于工人、职员退休处理的暂行规定》，将企业养老保险和机关事业单位养老保险在管理办法上统一起来，其执行机构依然分属工会与国家人事局（现已变更）。"文化大革命"期间，企业劳动保险制度发生了改变，伴随单位制的成熟，劳动保险也变为"单位保险"。

在农村，这一阶段主要的社会保障制度包括"五保"制度和合作医疗制度，但无论是"五保"制度，还是合作医疗制度，都是以生产大队（村）为单位进行的。1956年，"五保"制度首次写入农村发展规划，之后迅速发展，到1958年已覆盖519万人，300余万名老人在敬老院中实现集中供养。[①] 在医疗方面，农村的社会保障即为合作医疗制度。以中华人民共和国成立前的"卫生合作社"为基础，农村合作医疗制度最早出现在山西省高平市米山镇，随后在河南、河北等多地出现，随着党中央和毛泽东同志的肯定，合作医疗制度迅速在全国普及。截至改革开放前，全国赤脚医生达477.74万人，卫生员也达166.61万人。[②] 世界卫生组织和世界银行对此给予高度评价，称其为当时"发展中国家卫生领域最成功的革命"和"发展中国家解决卫生经费问题的唯一范例"。

当然，此阶段的合作医疗制度也存在一定问题。在欠发达地区，传统的合作医疗制度难以维持，存在"一紧二松三垮台四重来"的现象。[③] 从传统合作医疗制度本身来看，其资金来源有限，支出却难以控制，财务

---

① 杨园争.病有所医，老有所养：中国农村医疗和养老保障制度七十年改革回溯与展望 [J].社会发展研究，2019，6（1）：185-203，245-246.

② 张晓山，李周主.中国农村改革30年研究 [M].北京：经济管理出版社，2008：15-16.

③ 朱玲.乡村医疗保险和医疗救助 [J].金融研究，2000（5）：3-9.

制度不可持续。另外，传统合作医疗以生产大队（村）为单位，风险池太小，风险分担能力较弱。传统合作医疗的内部管理也是其失败的原因之一，很大程度上，传统合作医疗的问题是由与当时农村经济社会发展水平相适应的治理体系和治理水平决定的。在农村，国家通过生产大队（村）这一组织形式对农村社会进行社会管理和生产组织管理，形成的社会经济关系也局限在生产大队（村）范围内，扩大资金池分散风险能力面临组织能力的制约。

总的来说，这一阶段的社会保障制度建立在社会主义生产资料公有制的基础上，并纳入高度集中的计划经济体制中，对社会稳定发挥了重要作用。传统的社会保障制度是当时历史环境下的必然产物，与计划经济体制下的"单位制"相适应，并以"单位制"为基础；与高度统一的资源配置相适应，与计划经济体制相适应，与当时的经济发展水平相适应。当然，传统的社会保障制度也存在明显的短板，如资金来源单一、风险池小、不注重个人责任等。传统的社会保障制度缺乏对费用支出的有效控制，这为其最终被现代社会保障制度所取代埋下了伏笔。

第三节 现代社会保障制度探索与建立
阶段（1978—2012 年）

改革开放初期到 2012 年前后，我国的社会保障制度依然保持城乡二元色彩。改革开放初期，城镇依然实行劳动保险制度，即建立在单位制之上的"单位保险"。在恢复城镇原有社会保障制度的基础上，中央和各地不断对社会保障制度进行探索。[①] 这是改革开放初期的重要特征，财政对

---

① 鲁全. 从地方自行试点到中央主导下的央地分责：改革开放 40 年中国社会保障制度变革的一个解释框架 [J]. 教学与研究，2018（11）：25-32.

此给予了很大支持。在农村，社会保障制度的建设以地方为主体进行探索。进入 21 世纪后，中央开始系统性地建立农村的社会保障制度体系，直至形成基本覆盖全民的城乡社会保障制度。在各项制度不断探索建立的过程中，我国的社会保障制度从恢复原有制度，到与国有企业改革相配套，再到与社会主义市场经济体制相适应，最终转变为与国家治理体系和治理能力现代化相匹配，体现了国家治理体系不断完善，治理能力不断提高的特点。社会保障体系中的治理制度法治化与理性化、治理技术现代化等方面，是国家治理体系和治理能力现代化的具体表现。[1]

一、城镇社会保障制度

1978 年，国务院颁布《国务院关于安置老弱病残干部的暂行办法》和《国务院关于工人退休、退职的暂行办法》（国发〔1978〕104 号，以下简称两个《办法》），恢复传统的养老保险制度：企业中工人的退休费、退职生活费由企业行政费用支付，机关事业单位职工的退休费由单位或民政部门负责。随着两个《办法》的实施，应退未退问题得到妥善解决，1980 年全年的退休人数就达到了 816 万人。[2] 值得注意的是，此时的劳动保险依然表现出"单位保险"特征，即由企业负责支付工人的退休费、退职生活费，并提供房屋修缮费用等。

改革开放后，原有的城镇社会保障制度无法适应新的经济体制。首先，原有社会保障制度只覆盖全民所有制企业，随着改革开放的深入，越来越多的企业无法参与养老保险和医疗保险。其次，合同制员工大量出现，这部分员工无法参与养老保险或医疗保险并享受相关待遇。再次，由于企业的劳动保险是"单位保险"，加上"利改税"影响，新老企业在医

---

① 薛澜，李宇环. 走向国家治理现代化的政府职能转变：系统思维与改革取向 [J]. 政治学研究，2014（5）：61-70.

② 郑秉文，于环，高庆波. 新中国 60 年社会保障制度回顾 [J]. 当代中国史研究，2010，17（2）：48-59, 125.

疗保险和养老保险上负担不均，老企业的负担远远重于新企业。老工业基地为了提升竞争力，沿海地区改革前沿阵地为了尝试新机制，纷纷实行社会保障制度改革。最后，医疗保险制度还面临特殊困难。在此背景下，各地开始探索建立与改革开放后逐步形成的新体制相适应的社会保障制度。

企业职工养老保险制度探索初期，治理主体多元化格局开始显现，企业等市场主体开始与政府协作，共同探索养老保险制度。1981年，在劳动人事部门和中国人民保险公司的努力下，集体企业的养老保险问题得到解决。1984年，劳动人事部门确定了企业职工养老保险由个人和企业共同负担的原则，并且允许各地继续试行已经批准的养老保险办法。改革开放初期，我国引入商业保险公司参与企业职工养老保险的建立、管理与经办工作，值得特别指出。1986年，国务院颁布《国营企业实行劳动合同制暂行规定》（国发〔1986〕77号），合同制工人的医疗和养老问题得以解决，同时，养老金由国家、用人单位和个人三方负担原则的雏形开始显现。自1992年开始，养老保险的地方探索转向由中华人民共和国劳动人事部（现已变更）与中华人民共和国国家经济体制改革委员会（简称国家体改委，已撤销）领导下的探索。

在医疗保险方面，改革开放初期，各地纷纷对公费医疗和劳保医疗制度进行改革，公费医疗改革采取的措施包括严格就医制度、加大个人支付责任、控制公费医疗支付等。[①]实际上，这些改革措施在"文化大革命"前已经陆续开始。企业医疗保险制度则开始探索社会统筹改革，包括离退休人员医疗费用的社会统筹和职工大病医疗费用的社会统筹。之所以普遍采取社会统筹模式，原因在于新老企业因为离退休人员数量和占比差距悬殊，导致医疗费用负担差距悬殊，社会统筹可以实现互助共济。社会统筹探索之外，辅助使用职工少量缴费或个人自付部分医疗费用的方式，以控

---

① 郑秉文，于环，高庆波．新中国60年社会保障制度回顾[J].当代中国史研究，2010，17（2）：48-59，125.

制医疗费用的上涨。

在各地自发探索的基础上，1989 年，我国的医疗保险制度进入了由中央指导下的地方探索阶段。1989 年 3 月，国务院印发《批转国家体改委关于一九八九年经济体制改革要点的通知》（国发〔1989〕24 号），确定在丹东市等四地进行医疗保险改革试点，试行不同的个人负担机制。这标志着我国医疗保险制度进入实质性改革阶段。1993 年，劳动部先后发布《关于职工医疗保险制度改革试点意见》（劳部发〔1993〕263 号）和《关于职工医疗保险制度改革试点意见的补充通知》（劳办发〔1993〕219 号），要求建立与生产力水平相适应的，国家、用人单位和个人三方负担的，覆盖全体职工的医疗保险制度。至此，在政策要求上，我国企业医疗保险制度的覆盖范围由全民所有制企业扩大到所有类型的企业。

1993 年，党的十四届三中全会通过了《中共中央关于建立社会主义市场经济体制若干问题的决定》（以下简称《十四届三中全会决定》），要求"建立多层次的社会保障制度"，使社会保障制度与现代企业制度、市场体系、宏观调控体系和收入分配制度一起，成为"相互联系和相互制约的有机整体""构成社会主义市场经济体制的基本框架"，同时要"围绕这些主要环节，建立相应的法律体系""社会保障政策要统一，管理要法制化"，从而"促进社会生产力的发展"。这对我国社会保障制度的改革与发展提出了新的要求，即要与社会主义市场经济体制相适应。《十四届三中全会决定》还对城镇职工养老保险制度和医疗保险制度提出了具体要求："重点完善企业养老和失业保险制度，强化社会服务功能以减轻企业负担。""城镇职工养老和医疗保险金由单位和个人共同负担，实行社会统筹和个人账户相结合。"在《十四届三中全会决定》发布之后，中央政府开始大力推动城镇企业职工基本养老保险制度和医疗保险制度改革，以建立与社会主义市场经济体制相适应的社会保障制度。

1995 年，国务院印发《关于深化企业职工养老保险制度改革的通知》（国发〔1995〕6 号），该通知提供了社会统筹与个人账户相结合的两种实施办法，由各地市进行选择与完善。同年，劳动部印发《关于建立企业补充养老保险制度的意见》（劳部发〔1995〕464号），要求有关部门积极推进建立企业补充养老保险制度，对多层次养老保险体系在制度层面上进行了规定。1997年，国务院发布《关于建立统一的企业职工基本养老保险制度的决定》（国发〔1997〕26号，以下简称"26号文"），这标志着我国企业职工基本养老保险制度的正式建立。26号文对企业缴费和个人缴费进行了规定，其中，企业缴费一般为工资的20%，个人缴费一开始为工资的4%，之后逐渐提高，最后达到工资的8%。另外，个人账户规模为缴费工资的11%，个人缴费不足者由企业缴费划入，随着个人缴费的逐渐增高，企业划入个人账户的部分逐渐降至3%。在最初的政策构想中，职工养老保险从省级统筹起步，尽快走向全国统筹，这是国际通行的做法，也是尽快建立企业职工基本养老保险制度的方法。该方法统一将职工分为"老人""中人"与"新人"三类，其中，"老人"指企业职工基本养老保险制度建立前已经退休的职工，其退休金由国家财政、企业和养老保险统筹基金共同负担，这也是我国目前养老保险统筹基金存在缺口的历史原因之一。为了执行26号文，1998年，国务院颁布《关于实行企业职工基本养老保险省级统筹和行业统筹移交地方管理有关问题的通知》（国发〔1998〕28号），要求正式实行省级统筹，并将11个行业的养老保险基金（统筹基金和个人账户）移交地方管理。1999年，国务院颁布《社会保险费征缴暂行条例》（国务院令第259号），将基本养老保险的覆盖范围扩展到外商投资企业、城镇私营企业，地方还可以根据自身情况将个体工商户纳入其中。

2000年，国务院颁布《关于印发完善城镇社会保障体系试点方案的通知》（国发〔2000〕42号），决定于2001年开始在辽宁省开展试点，试点内容包括调整个人账户规模等。该试点方案还提出允许有条件的企业为职工建立企业年金，并实行市场化运营和管理；同时，引导社会力量为社会保障对象提供生活照料、医疗保健、文化教育和法律服务等。将市场机制和社会力量引入社会保障体系，充分发挥政府、社会和市场三方相互协同的作用，体现了这个阶段我国领导集体在提升国家治理体系和治理能力现代化水平方面的积极探索。2004年，完善城镇社会保障体系的试点扩大到黑龙江省和吉林省。2005年，国务院发布《关于完善企业职工基本养老保险制度的决定》（国发〔2005〕38号，以下简称《决定》），《决定》将灵活就业人员纳入企业职工基本养老保险的范畴内，"逐步做实个人账户"也被写入文件，同时吸取三地试点经验，提出从2006年开始，个人账户的规模统一由本人缴费工资的11%调整为8%，全部由个人缴费形成。

1994年4月14日，经国务院批准，国家体改委等部门发布了《关于职工医疗保险制度改革试点的意见》，同年11月8日，国务院印发《关于江苏省镇江市、江西省九江市职工医疗保障制度改革试点方案的批复》（国函〔1994〕116号），决定将镇江市和九江市作为职工医疗保障制度的改革试点城市，史称"两江试点"。在总结和评估各地试点经验的基础上，1998年，国务院印发《关于建立城镇职工基本医疗保险制度的决定》（国发〔1998〕44号），标志着社会统筹与个人账户相结合的城镇职工基本医疗保险制度正式建立。这一制度覆盖城镇所有用人单位，文件要求原则上以地级以上行政区为统筹单位，也可以县（县级市）为统筹单位，京津沪三个直辖市原则上实行全市统筹。统筹区内执行统一的政策，医疗保险基金统一筹集、使用和管理。与世界上大部分国家的医疗保险制度不同，我国的医疗保险制度采用社会统筹与个人账户相结合的模式。根据国发〔1998〕44号的相关规定，企业缴费和个人缴费分别为工资基数的6%和2%。在建立个人账户和统筹基金时，职工缴费全部划入个人账户，企业缴费部分划入个人账户，剩下部分划入统筹基金，具体比例由各地决定。这保证了职工参保的积极性，也取得了显著的效果，此后职工医疗保险参保人数逐年增加。

为解决国企改革带来的一系列问题，部分地区也开始探索城镇社会救助制度，不过这一实践晚于国内其他社会保障制度的改革探索。1993年5月，上海市民政局等六部门联合发布《关于本市城镇居民最低生活保障线的通知》（沪民救（93）第17号），宣布从1993年6月1日起，全市范围内实施最低生活保障制度。次年，中华人民共和国民政部（简称民政部）肯定了上海的经验，同时开始在东南沿海地区试点最低生活保障制度。1999年9月，随着《城市居民最低生活保障制度》（国务院令第271号）的颁布，城镇居民最低生活保障制度正式建立。之后，城镇居民社会救助制度不断完善，由医疗救助、教育救助、住房救助等配套的综合性社会救助体系逐步形成。

2007年，国务院发布《关于开展城镇居民基本医疗保险试点的指导意见》（国发〔2007〕20号），旨在为城镇非从业居民提供医疗保障。2010年10月，中华人民共和国第十一届全国人民代表大会通过了《中华人民共和国社会保险法》（以下简称《社会保险法》）。《社会保险法》对城镇职工基本养老保险和基本医疗保险做了一些新的规定，如城镇职工的养老保险要逐步实现全国统筹、其他社会保险基金要逐步实现省级统筹等。《社会保险法》的出台标志着在社会保障领域，国家开始用法治方式保障公民的基本权益，国家治理体系和治理能力的法治化水平不断提高。2011年，国务院发布《关于开展城镇居民社会养老保险试点的指导意见》（国发〔2011〕18号），为城镇非从业居民提供养老保障。至此，覆盖城镇所有人群的城镇社会保险制度正式建立。

2013年，党的十八届三中全会通过的《中共中央关于全面深化改革若干重大问题的决定》（以下简称《决定》）关于社会保障制度出现了一些新的提法，如在基本养老保险方面，不再是此前文件所说的"做实个人账户"，而是改为"完善个人账户制度"。同时，《决定》还对社会保障制度提出了新的要求，即"紧紧围绕更好保障和改善民生、促进社会公平正义深化社会体制改革""推进基本公共服务均等化，加快形成科学有效的社会治理体制"。

机关事业单位职工养老保险制度改革，则明显晚于企业职工养老制度的改革探索。2008 年，国务院通过了《事业单位工作人员养老保险制度改革试点方案》（国发〔2008〕10 号），决定在山西省、上海市、浙江省、广东省、重庆市五省（市）开展试点工作。2015 年 1 月，国务院颁布《关于机关事业单位工作人员养老保险制度改革的决定》（国发〔2015〕2 号），决定机关事业单位从 2014 年 10 月 1 日起，实施社会统筹与个人账户相结合的基本养老保险制度。该制度和企业职工基本养老保险制度的相同之处在于基本养老基金都由单位和个人共同缴费形成，并且单位和个人缴费比率均为缴费工资基数的 20% 和 8%。两者显著的差异则在于前者强制性地建立了职业年金制度，单位和个人各自的缴费比率为 8% 和 4%，这保证了改革前后机关事业单位退休职工养老待遇的平稳过渡，这一制度目前正处于在全国全面推进的过程中。

二、农村社会保障制度

农村社会保障制度的建立过程与城镇社会保障制度的建立过程既有相似之处，又存在显著差异。相似之处在于，农村社会保障制度的建立也是由各地自发探索转向中央领导下探索的过程。差异之处则有两个方面：一是中央政府统筹领导农村社会保障制度探索的时间晚于其统筹领导城镇社会保障制度探索的时间；二是只有在中央政府能够给予显著的财政支持的条件下，农村社会保障制度才得以确立。

（一）各地自发探索阶段

首先，农村地区养老保险制度自发探索。改革开放之前，农村的社会保障项目较为有限，改革开放后，农村社会保障制度的建立工作重新开始。改革开放初期，以生产大队为单位的农村养老金制度出现。1987 年，民政部印发《关于探索建立农村基层社会保障制度的报告》（民办发〔1987〕11 号），要求各地因地制宜积极探索农村社会保障制度。截至

1989年底，全国共有800多个乡镇建立了以乡或村为单位的农村养老保险制度。此时的农村养老保险规模较小，难以抵御外部的冲击。[①]

为了解决这个问题，1992年，民政部印发《县级农村社会养老保险基本方案（试行）》（民办发〔1992〕2号），开始试点建立以县为统筹单位的农村养老保险制度。该方案规定以村为单位进行投保，以个人缴费为主，集体补助为辅，国家予以政策支持，并实行个人账户制度。这就是后来决策部门和学界俗称的"老农保"。1992年开始，"老农保"在山东等地组织了较大规模的试点，并逐步推向全国。1994年，民政部专门成立了农村社会保险司和农村社会养老保险管理服务中心，在中央层面对"老农保"进行管理。截至1995年，近5000万人参加了农村社会养老保险，社保基金积累达32亿元。

此后，在东南亚金融危机等一系列事件的影响下，大部分试点地区出现参保人数下降和保险给付困难等问题，有一些地区甚至陷入了停顿。[②]1998年，中华人民共和国第九届全国人民代表大会第一次会议通过了《国务院机构改革方案》。根据会议要求，中华人民共和国劳动和社会保障部（以下简称劳动和社会保障部，现已变更）成立，农村社会养老保险由劳动和社会保障部负责。在社会保障领域，我国社会保险的管理体系初步理顺，城镇养老保险、医疗保险和农村社会保险全部由劳动和社会保障部负责。值得一提的是，在这次的机构改革中，几乎所有的工业专业经济部门都被撤销，政府和市场的关系渐趋清晰，这意味着我国的国家治理体系日趋完善。

简要来说，"老农保"的建立存在许多问题，如体制没有理顺、资金分散等。其中，根本问题在于农民的收入水平偏低，缴费参保能力和意愿

[①]　杨园争. 病有所医，老有所养：中国农村医疗和养老保障制度七十年改革回溯与展望 [J]. 社会发展研究，2019，6（1）：185-203，245-246.

[②]　杨园争. 病有所医，老有所养：中国农村医疗和养老保障制度七十年改革回溯与展望 [J]. 社会发展研究，2019，6（1）：185-203，245-246.

偏弱。在 1999 年，国家叫停"老农保"后，"老农保"的退保和清理工作持续较长时间。

其次，农村地区医疗保险制度的自发探索。改革开放后，农村地区继续实行"合作医疗"制度。但随着家庭联产承包责任制的推行，村集体已无法支撑改革开放之前合作医疗的筹资机制，实行传统合作医疗的村庄数量大大减少。到 1989 年，实行传统农村合作医疗的行政村仅占 4.8%，[①]不过，国家对农村传统合作医疗制度的政策支持并没有减少。例如，2002 年中华人民共和国卫生部和中华人民共和国财政部印发的《关于加强农村卫生工作若干意见的通知》中对传统合作医疗予以支持。然而恢复传统合作医疗的努力并未成功。[②]

在尝试恢复传统合作医疗的同时，各地也纷纷开始进行农村医疗保险新模式的探索。按照筹资和管理方法进行分类，可以分为农村集资医疗和农村社会医疗。

农村集资医疗也具备传统合作医疗的特征，即村民筹资对供方或需方进行补贴。根据补贴模式，可以将集资医疗分为三种，分别是补贴供方、补贴需方、同时补贴供方和需方。不同地方因地制宜，实行相应的补贴模式，从实质上讲，这些都是农村医疗福利制度。当然，集资医疗也存在一些问题。例如，集资医疗以乡镇为统筹单位，资金池较小，分担风险能力较弱；集资医疗无法解决医疗中存在的逆向选择问题，随着试行时间变长，其资金池会不断变小。

农村社会医疗的尝试大多发生在发达地区，广东省佛山市顺德区和东莞市是实行农村社会医疗的两个典型例子。1996 年，顺德将农业人口住院保险纳入社会保障体系。与我国目前实行的社会医疗保险相比，顺德

---

① 杨国争.病有所医，老有所养：中国农村医疗和养老保障制度七十年改革回溯与展望 [J].社会发展研究，2019，6（1）：185-203，245-246.

② 郑秉文，于环，高庆波.新中国 60 年社会保障制度回顾 [J].当代中国史研究，2010，17（2）：48-59，125.

的社会保险覆盖范围大，品种多样，档次不同，满足了人们多种层次的保险需求。在社保基金管理方面，企业职工、城镇居民和农业人口的医疗保险均由商业保险公司统一管理，三个社保基金盈亏互补，实现了城乡融合一体的社会保障体系。不难发现，较高的工业化程度和农业人口收入、地方行政组织和社会组织的配合是实现顺德模式的必要条件。与顺德区相比，东莞市在行政组织和社会组织上有所欠缺，因此，东莞采取了医疗救济基金会的形式。在顺德的案例中，商业保险公司承担了社会保险经办的职能，其专业化程度为发挥其职能提供了很重要的支撑作用。顺德的探索表明，在社会保障领域，层级节制的科层管理可以向多主体协作的关系网络治理转变，市场化组织完全可以承办、经办社会保险。这为深化我国的社会保障体系改革提供了来自本土实践的成功案例。

（二）中央顶层规划和财政支持下的试点与推广

在地方对农村医疗和养老保险制度展开自发探索之后，中央着手建立农村医疗和养老保险制度。与城镇企业职工医疗保险和养老保险制度的建立有所不同，在总结传统农村合作医疗制度和"老农保"失败教训的基础上，中央直接对农村养老和医疗保险制度进行了顶层规划，并明确给予了财政支持，然后在有计划的试点基础上实现全国铺开。

在农村养老保险制度方面，2002年，党的十六大提出，"建立健全的同经济发展水平相适应的社会保障体系"。2003年，党的十六届三中全会通过的《关于完善社会主义市场经济体制若干问题的决定》提出，"农村养老保障以家庭为主，同社区保障、国家救济相结合"。2006年，农村社会养老保险制度开始在部分省市地区试行（北京市和重庆市九龙坡区等）。2009年6月，国务院召开常务工作会议，决定在全国10%的县（市区）开展新型农村社会养老保险试点。会议指出，要建立新型农村社会养老保险，并明确了"保基本、广覆盖、有弹性、可持续"的基本原则，确定了三方负担、统账结合的基本模式。同年9月，国务院印发《关于开展新型农村社会养老保险试点的指导意见》（国发〔2009〕32号），"新农保"试点工作正式启动。2012年，"新农保"在全国铺开。

在农村医疗保险制度方面，2002年10月，党中央和国务院发布《关于进一步加强农村卫生工作的决定》（中发〔2002〕13号），要求"建立和完善农村合作医疗制度和医疗救助制度"。2003年1月16日，国务院印发《关于建立新型农村合作医疗制度的意见》（国办发〔2003〕3号），要求从2003年开始试点实行新型农村合作医疗制度（简称"新农合"制度）。2006年10月，党的十六届六中全会通过《中共中央关于构建社会主义和谐社会若干重大问题的决定》（中发〔2006〕19号），要求"加快推进新型农村合作医疗"。2007年开始，"新农合"在全国范围内铺开。

农村社会救助制度的建立也经过了从各地试点到中央顶层设计的过程。改革开放后，农村经济体制改革削弱了"五保"制度的财务基础，"五保"供养工作出现了问题，各地纷纷开始相关的探索。1994年，上海市与山西省阳泉市各自开展农村低保的试点。1996年，在总结各地试点经验的基础上，民政部发布《关于加快农村社会保障体系建设的意见》和《农村社会保障体系建设指导方案》，要求各地积极试点、稳步推进农村最低生活保障制度。2007年7月，随着国务院发布《关于在全国建立农村最低生活保障制度的通知》（国发〔2007〕19号），农村最低生活保障制度正式建立。2011年，民政部同多部门发布了《关于进一步规范城乡居民最低生活保障标准制定和调整工作的指导意见》（民发〔2011〕80号），在一定程度上缓解了物价上涨给困难群众带来的影响。

第四节　城乡社会保障制度的融合与发展阶段（2012 年以来）

一、城乡社会保障制度的融合与发展阶段概述（2012 年以来）

经过不断探索与实践，城镇社会保障制度与农村社会保障制度逐步建立起来。2012 年，党的十八大提出，要"推动城乡发展一体化""加大统筹城乡发展力度""统筹推进城乡社会保障体系建设""整合城乡居民基本养老保险和基本医疗保险制度"。以此为契机，我国的社会保障制度进入了城乡融合与发展阶段。

2014 年，国务院颁布《关于建立统一的城乡居民基本养老保险制度的意见》（国发〔2014〕8 号），该意见要求将"新农保"制度和城镇居民社会养老保险制度合并实施，建立统一的城乡居民基本养老保险制度。2016 年，国务院印发《关于整合城乡居民基本医疗保险制度的意见》（国发〔2016〕3 号），该意见要求有关部门对城镇居民基本医疗保险制度和"新农合"制度进行整合，实现覆盖范围、筹资政策、待遇保障、医保目录、定点管理和基金管理等六个方面的统一，同时对经办机构进行整合。同年，中华人民共和国人力资源和社会保障部（以下简称人力资源和社会保障部）发布了《关于城乡居民养老保险关系转移接续有关问题处理意见的复函》（人社厅函〔2016〕206 号），流动人口养老保险转移接续的问题得以明确。2018 年，中华人民共和国国家医疗保障局（以下简称国家医疗保障局）成立，城镇职工基本医疗保险、城镇居民基本医疗保险、新型农村合作医疗等工作全部划归国家医疗保障局负责，职工生育保险并入职工基本医疗保险。至此，我国基本医疗保险体系的管理和经办体制基本理顺。2019 年，城镇居民基本医疗保险和"新农合"制度的整合全部完成。至此，城乡统一的基本养老保险和基本医疗保险制度建成。

在社会救助方面，2012 年，国务院发布《关于进一步加强和改进最低生活保障工作的意见》（国发〔2012〕45 号），覆盖城乡居民的最低生活保障制度正式建立。2014 年，国务院发布《社会救助暂行办法》（国务院令第 649 号），覆盖城乡、涵盖多项救助内容的社会救助制度正式成立。《社会救助暂行办法》明确鼓励社会力量参与社会救助工作，并要求社会救助管理部门及相关机构建立社会力量参与社会救助的机制和渠道，为社会力量提供社会救助项目与需求信息，为社会力量参与社会救助创造条件，提供便利。这种制度安排方便了社会力量参与社会治理，促进了国家治理体系的现代化发展。

二、我国社会保障体系的调整与改革（2012 年以来）

2012 年之后，党中央不断加大对社会保障事业的改革力度，社会保障体系基本定型，从高速度铺开向高质量发展演进。具体来说，2012 年以来，我国社会保障体系的调整与改革主要体现在以下四个方面。

（一）社会保险制度

我国社会保险制度主要由养老保险制度、医疗保险制度（含生育保险制度）、失业保险制度与工伤保险制度组成。党的十八大以来，我国社会保险制度的实践探索可依据改革的侧重点划分为两个阶段，即整合阶段与优化阶段。党的十八大以来，社会保险制度结构调整如图 1-1 所示。

社会保险制度调整前		社会保险制度调整后

养老保险制度 → 《关于建立统一的城乡居民基本养老保险制度的意见》 → 养老保险制度

新型农村社会养老保险
城镇居民基本养老保险
城镇职工基本养老保险
机关事业单位养老保险

《关于机关事业单位工作人员基本保险制度改革的决定》

城乡居民基本养老保险
城乡职工基本养老保险
机关事业单位基本养老保险

制度设计 | 统
运行机制 | 一

医疗保险制度

新型农付合作医疗保险
城镇居民社会医疗保险
城镇职工基本医疗保险

《关于整合城乡居民基本医疗保险制度的意见》

《关于全面实施城乡居民大病保险的意见》

医疗保险制度

城乡居民基本医疗保险
城乡居民大病保险
城镇职工基本医疗保险

制度合并
统一参保
统一基金
统一基金管理

《生育保险和职工基本医疗保险合并实施试点方案的通知》

生育保险制度 → 《关于全面推进生育保险和职工基本医疗保险合并实施的意见》 → 生育保险制度

工伤保险制度 → 工伤保险制度

失业保险制度 → 失业保险制度

《关于开展长期护理保险制度试点的指导意见》 → 长期护理保险制度 → 试点中

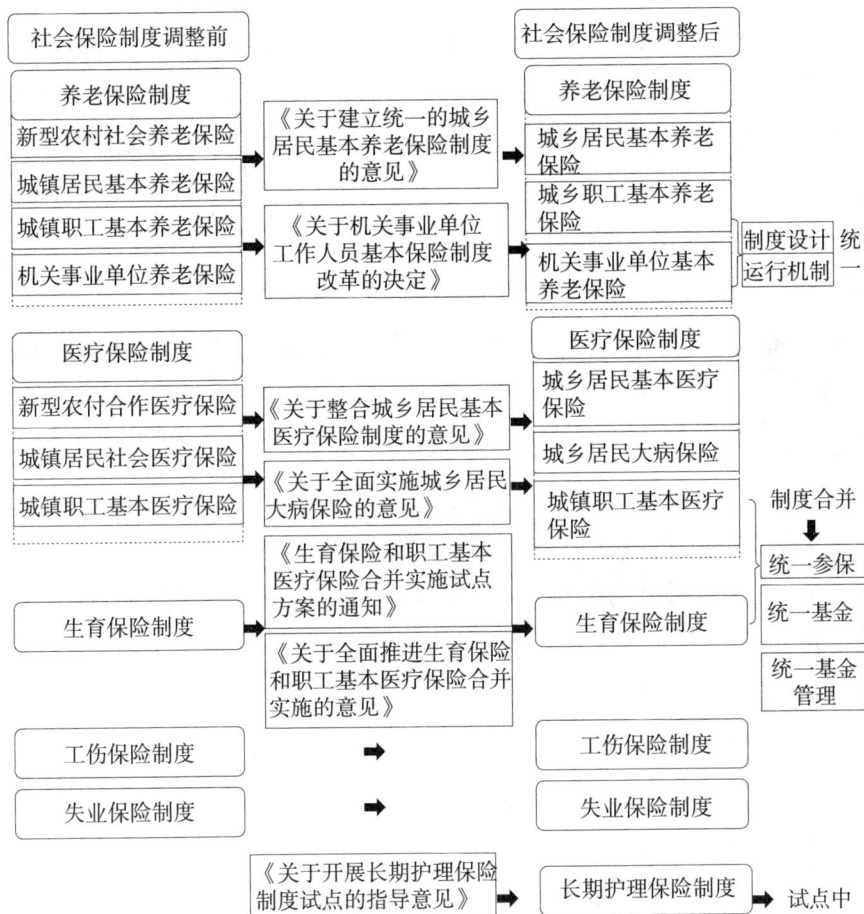

图 1-1　党的十八大以来社会保险制度结构调整图

1. 整合阶段（第一阶段，2012—2016 年）

这一阶段我国社会保险制度的建设重点倾向以下两方面。

第一，养老保险制度建设。2014 年，我国正式建立城乡居民基本养老保险制度（简称居民养老保险），有关部门对其覆盖范围、缴费与支付、基金管理与运行等进行了统一化规定，实现了基本养老保险层面的城乡统筹。2015年,国家全面改革机关事业单位工作人员的基本养老保险制度,使其与城镇企业职工基本养老保险的制度设计与运作机制相统一,并建立倾向社会化运行理念下的社会统筹与个人账户制度,缩小机关事业单位工作人员与企业职工之间的保险待遇差距,进一步提升社会保险制度的公平性。

第二,医疗保险制度建设。2015年,我国全面实施城乡居民大病保险,对大病保险的覆盖群体、统筹层次、基金来源以及报销比例等内容进行了明确规定。作为基本医疗保险制度的有益补充,大病保险降低了城乡居民因大病返贫、致贫的可能性。2016年,我国进一步对基本医疗保险制度进行调整,建立了全国统一的城乡居民基本医疗保险制度(简称居民医疗保险),对其覆盖范围、统筹方式以及保障待遇等方面进行了规范,实现了基本医疗保险层面的城乡统筹,推动了国家医药卫生体制改革。自此,居民医疗保险和居民养老保险基本定型,我国朝着城乡统筹目标又更进一步。

2. 优化阶段(第二阶段,2017—2020年)

这一阶段改革的侧重点在于对已初步定型的社会保险制度进行优化与调整,主要体现在以下三个方面。

第一,养老保险制度的优化与调整。我国于2018年正式建立基本养老保险基金中央调剂制度,并对调剂金的筹集方式、拨付方式与管理等内容进行了重要部署,旨在缓解各区域间城镇企业职工基本养老保险基金的给付压力,实现区域间协调发展。这一制度的建立说明我国基本养老保险制度在统筹城乡、平衡群体基本待遇的同时,加大了对区域间基本养老保险待遇的调节力度。在完善基本养老保险制度的基础上,2022年,我国加大了对个人养老金的关注,提出个人养老金应实行完全积累的个人账户制度,并强调个人账户与基本养老保险、企业或职业年金的衔接,实行完全市场化运营,这一政策促进了第三支柱养老金制度的完善与发展。

第二，医疗保险制度与生育保险制度的优化与调整。为实现医疗资源的合理且有效利用，我国于2017年开启了职工生育保险与职工基本医疗保险统筹化管理试点实践探索，以此优化医疗保障结构与医疗经办效率。2018年，国家医疗保障局成立，基本医疗保险、生育保险、医疗救助等事宜统一纳入该机构并实行规范化管理。2019年，我国正式将职工生育保险与职工基本医疗保险合并，促使医疗经办服务持续改善。

第三，长期护理保险制度的试点工作。我国社会保险制度在上述基本框架下，为满足由人口老龄化、高龄化所带来的长期护理需求，缓解基本医疗保险的支付压力，开始探索社会保险的另一险种——长期护理保险（简称长护险）。2016年，我国开始进行长护险制度试点工作，选取青岛市、上海市等15个城市及2个重点联系省份为试点地区。2020年，基于我国第一批长护险制度试点地区的阶段性成效，我国选取了天津市、南宁市等14个城市为第二批试点地区。至此，我国长护险制度的试点范围逐步扩大，增至49个城市，为全国建立统一的长护险制度奠定了基础。

（二）社会救助制度

我国社会救助制度是以最低生活保障、特困人员救助供养、灾害救助、医疗救助、住房救助、教育救助、就业救助以及临时救助为主体，以社会力量参与为补充的制度体系。2014年，我国在顶层设计层面首次将上述社会救助内容进行统筹化管理，社会救助制度得以统一化与规范化，从分散状态步入了统一的体系化发展阶段。基于此，党的十八大以来，我国社会救助制度发展主要呈现城乡统筹程度提升显著、从单独分散到分类分层两方面特征。党的十八大以来，社会救助制度结构调整如图1-2所示。

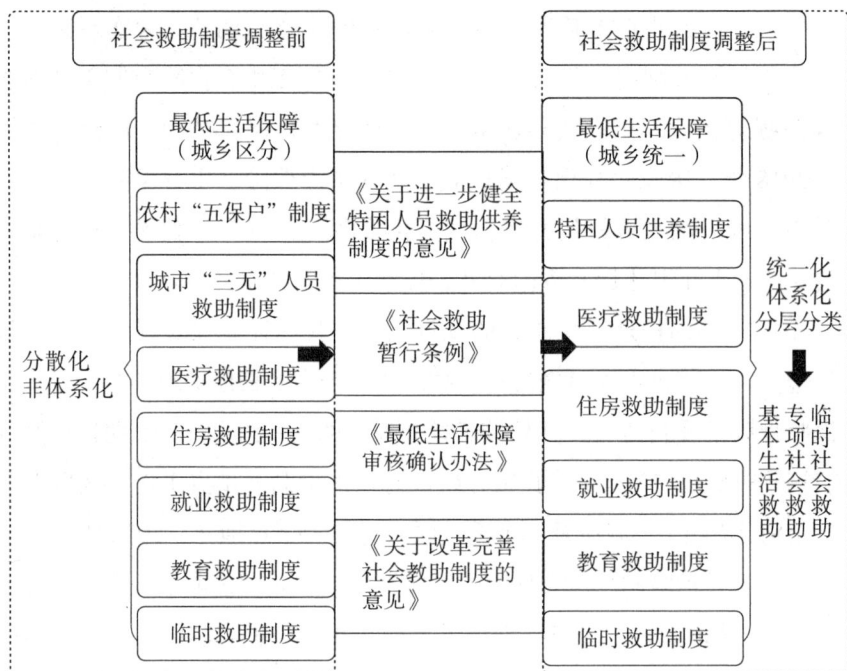

图 1-2 党的十八大以来我国社会救助制度结构调整图

1. 特困人员供养与低保制度

2016 年，我国将农村设立的"五保户"制度与城市设立的"三无"人员救助制度合并，形成了城乡统一的特困人员供养制度。2021 年，在低保审核办法修订文件中，将涉及区分城乡低保的概念删除，如城市低保、农村低保等，不再对城乡低保加以区分，统一为低保制度。至此，社会救助制度走向城乡统筹。

2. 专项救助制度

2020 年，社会救助制度改革相关文件提到，应从教育、就业、医疗、住房等多个层面对专项救助制度给予强调，要构建分层分类的社会救助体系。这在一定意义上标志着我国的社会救助制度逐渐从单一分散的社会救助走向多维分类的社会救助。

（三）社会福利制度

我国社会福利制度主要包含老年人福利、残疾人福利与儿童福利等内容。党的十八大以来，我国社会福利的普惠性水平持续提升。

1. 老年人福利

在养老服务层面，我国"十三五"规划纲要对社会化养老服务体系构建做出了新的调整，将机构养老的支撑定位转化为补充定位，并将医疗、养老相结合，融入养老服务体系建设规划。2019年，我国在推动国家治理体系与治理能力现代化的相关政策文件中，对社会化养老服务体系构建提出了新的要求。文件指出，应加强养老服务体系内部之间的协调性，即居家社区机构养老方式之间的协调性与医养、康养服务内容之间的衔接性。2021年，专门针对我国"十四五"时期养老服务体系建设的政策文件出台，这一文件赋予了社会化养老服务体系新的内涵，强调了落实基本养老服务清单、构建多层次养老服务体系的重要性。同时，该政策文件对我国养老事业提出了更高的要求，强调在养老事业发展的前提下，加强其与养老产业之间的协调性，以推动养老服务的高质量发展，进一步夯实我国普惠性非基本社会保障服务的功能和地位。由此可见，我国养老服务体系的发展态势表现为：从强调养老服务体系各构成部分的职责分工，到强调构成部分的协同与配合；从老年人基本照料服务，到老年人医疗、养老、康复等相结合的普惠性养老服务。随着时代的发展，我国养老服务的内涵也在不断丰富与更新。

2. 残疾人福利与儿童福利

国务院于2015年、2016年分别发布了《关于全面建立困难残疾人生活补贴和重度残疾人护理补贴制度的意见》《关于加强困境儿童保障工作的意见》两个文件，对残疾人、困境儿童的保障工作在社会福利待遇层面予以规范，落实了残疾人两项补贴政策，扩大了儿童福利范围，受众由孤残儿童扩展到困境儿童，残疾人福利和儿童福利的普惠性凸显。2021年出台的《"十四五"残疾人保障和发展规划》以及《"十四五"民政事业发展规划》等文件，进一步提出在"十四五"时期应加强对儿童、残疾人等群体社会福利的普惠性，强化了社会福利的普惠性属性。

（四）社会优抚制度

我国的社会优抚制度主要是指面向军人及其家属的优抚保障制度。党的十八大以来，我国面向军人及其家属的社会优抚制度的专项性进一步增强。2018年，中华人民共和国第十三届全国人民代表大会第一次会议针对我国退役军人的特殊性及对退役军人合法权益的保护，决定在国务院组织部门中增设中华人民共和国退役军人事务部，对转业、复员、退休、退役等军人实施统一管理，使退役军人的优抚保障待遇实现专项性与规范化管理。2019年，我国对《军人抚恤优抚条例》涉及的相关部门给予了调整与明确。2021年，我国发布了针对该条例的意见征求稿，进一步优化对军人优抚的保障范围、优抚方式与优抚水平。

三、我国社会保障事业取得的成就与经验（2012年以来）

党中央坚持以人民为中心的发展思想，将社会保障事业放在社会发展的突出位置。随着我国社会主要矛盾的调整，人民日益增长的美好生活需要和不平衡不充分的发展之间的矛盾日渐凸显，国家持续加大对社会保障事业的制度设计与理念创新，实现了社会保障事业的飞跃式发展。目前，我国社会保障事业形成了以社会保险为主体，包含社会救助、社会福利和社会优抚制度在内的功能完备的体系结构，建立了世界上规模最大的社会保障体系，保障了人们的基本生活。然而，在肯定我国社会保障事业发展成就的同时，也应清醒地意识到，随着我国人口老龄化、城镇化、就业形态多样化，我国社会保障体系建设仍有亟待完善之处，从而最大限度发挥社会保障事业改善民生、促进社会公平正义的"社会稳定器"功能。

第二章 国内外关于社会保障的研究

第一节　国外研究现状与综述

关于"新时代社会保障问题"的研究，著者难以找寻直接对应的国外文献进行借鉴，但是关于中国社会保障问题以及社会保障公平问题的研究，则有少量资料可供参考。日本学者近几十年来一直较为关注中国改革开放后的各项社会制度，作为社会制度的重要组成部分，从社会保障制度入手对中国社会发展进行解读，也成为日本学者研究中国问题的主要切入点之一。例如，日本学者田多英范编著的《现代中国的保障制度》一书较为详细地梳理了中国从改革开放到 21 世纪初这一阶段社会保障的沿革与发展，他在书中对包括最低生活保障制度、养老保险制度、医疗保险制度、工伤保险制度在内的中国主要的社会保障制度的创设与发展进行了一定程度的研究。[①] 埋桥孝文等人编著的《中国的弱势群体和社会保障：改革开放的光和影》一书，以中国社会的弱势群体为主视角，对医疗保障制度、就业保障制度、农民社会保障制度、教育保障制度、老年人保障制度等内容进行了考察。[②] 此外，若林敬子以包括中国在内的东亚、东南亚地区少子高龄化趋势为背景，基于人口政策视角，对相关的社会保障制度进行了梳理和分析。[③] 但中国社会保障制度的发展日新月异，已有问题的解决与新问题的出现使得中国社会保障制度的现状不断发生变化。由于信息不能及时更新，部分日本学者对于中国社会保障制度的认识已大大落后于我国制度实际的发展状况。上文所提及的著作，由于成书年代较早，彼时

[①]　田多英範. 現代中国の保障制度 [M]. 日本：流通経済大学出版会，2004.

[②]　埋橋孝文，于洋，徐栄. 中国の弱者層と社会保障：「改革開放」の光と影 [M]. 日本：明石書店，2012.

[③]　若林敬子. 近年にみる東アジアの少子高齢化 [J]. アジア研究，2006（2）：35-36.

很多事关社会保障公平性的改革，如养老保险制度的城乡统筹、医疗保障制度的管理体制改革等进程均尚未启动。因此，在今天看来，上述书中的部分研究成果已不再具备参考价值。另外，由于被资产阶级的立场和民族主义的偏狭视角所局限，一些日本学者对于中国社会的认知，也往往有意无意地佩戴有色眼镜，存在刻意贬低中国成果、夸大不足的倾向。如果缺乏对于改革开放和中国特色社会主义制度的正确理解，就无法客观地反映中国社会保障制度的建设情况，自然也就难以得出较有价值的研究成果。

近年来，日本研究中国社会保障问题的相关工作，大多由身在日本的华人研究者进行。由于这些学者一方面较了解近年来中国社会的实际发展情况，另一方面也善于运用特定的学术话语与研究范式同日本学界进行沟通，因此，他们成为近年来日本研究中国社会保障问题的中流砥柱。沈洁等人认为，近年来中国的社会保障呈现基本理念制度化、保障体系扩大化、普惠性制度加速化的特点。① 黄声远则以中国养老保险制度的改革为线索，详细介绍了中国社会保障制度的现状及近年来的发展动向，在肯定了近年来中国社会保障制度改革成果的基础上，也指出了城乡、城市内部以及地区之间的差别化问题，而这也是中国社会保障制度依然面临的主要问题。② 以上研究都以社会保障的公平问题为核心，以相对客观的立场总结了近年来中国社会保障制度建设取得的成就和尚待解决的问题。

第二节　国内研究现状与综述

1951 年，中国就颁布了第一部《劳动保险条例》。如果从实践角度来说，中国的社会保障事业建设已有 70 余载的历程。但如果严格地按照

---

① 沈潔，澤田ゆかり. ポスト改革期の中国社会保障はどうなるのか：選別主義から普遍主義への転換の中で [M]. 日本：ミネルヴァ書房，2016.
② 黄声遠. 中国社会保障制度の現段階の理論と最近の動向 [J]. 大坂経大論集第 69 巻第 1 号，2018：17-18.

社会保障由理念到理论，再到制度实践的演化逻辑，那么中国对于现代社会保障制度的研究则应始于 1986 年，即以"社会保障"这一概念的正式提出为标志。关于社会保障公平性的相关研究，到了 20 世纪 90 年代中后期才逐渐兴起。以"社会保障"作为检索主题，以"公平"作为检索关键词，起止时间设置为 1996 年至 2006 年，在中国知网数据库进行检索，共检索出 144 篇文献。相关的研究在 2006 年以后逐渐增多。用相同的方式在中国知网数据库逐年进行检索，可发现与社会保障公平相关的研究文献数量由 2006 年的 24 篇增加至 2007 年的 60 篇，并于 2008 年达到顶峰（70 篇）。这是由于在 2007 年党的十七大报告中，首次出现了"加快建立覆盖城乡居民的社会保障体系，保障人民基本生活"这一表述，并多次论及"公平"问题。国内掀起对社会保障公平性问题的研究热潮也恰好和这一时间节点大致吻合。

2008 年以后，各年度关于社会保障公平性研究的文章数量略有回落。但在一定程度的降幅后，关于该研究的文章数量大体趋于稳定，并于 2012 年再次达到峰值。具体来看，2009 年，相关研究文章数量为 48 篇；2010 年，相关研究文章数量为 44 篇；2011 年，相关研究文章数量为 53 篇；2012 年，相关研究文章数量为 61 篇；2013 年，相关研究文章数量为 53 篇。2014 年以后，关于社会保障公平性问题的研究热度有所回落，主要的原因推测如下。首先，中国的社会养老保险事业于 2014 年在制度方面实现了全国意义上的统筹；其次，2015 年，机关事业单位人员并入城镇职工养老保险制度，相关人员开始缴纳养老金。养老保险双轨制终结，而此前关于社会保障公平性问题的研究，很多都建立在以上现实问题的基础之上，相关问题的研究热度下降，恰恰说明了中国在社会保障公平性问题上取得了实质性进展。

2017 年，党的十九大召开，我国对于社会保障制度的功能定位也有了更高层次的要求，即由原来以维持基本生活为目标的保障性制度，在发展的前提下，逐渐向更好地实现社会公平的多元调节制度迈进。此外，

"不平衡不充分的发展"这一关于社会主要矛盾的全新表述，由于与公平问题紧密相连，也使得社会保障制度的公平性问题凸显前所未有的重要性与现实性。遗憾的是，相关主题的研究文章数量并未随着问题的现实性增强而急剧增加。

2017 年的相关研究文章数量为 35 篇 2018 年、2019 年的相关研究文章数量仅为 16 篇、14 篇。但即便如此，国内现有的关于社会保障公平性问题的相关研究也十分丰富。本书尝试从研究阶段和研究内容两个角度，对国内现有的相关研究进行粗略的整理与归纳。大致可从以下两个方面对相关研究成果进行划分。

一、根据研究阶段进行划分

"新时代"首先是一个时间上的概念，有"新"则必有与之相对应的"旧"。关于社会保障及其公平性问题的研究，也理应以"新时代"为时间节点之一，有着"新时代"之前与之后的划分。因此，国内研究现状的第一个划分角度，是以相关研究的起止时间作为划分标准的。具体来说，可将中国社会保障公平性问题的研究成果划分为三个历史阶段，即社会保障公平理念的探索阶段（1996—2006 年），社会保障公平理念的共识形成阶段（2007—2017 年），以及立足新时代的社会保障公平理念定型阶段（2017 年至今）。

（一）社会保障公平理念的探索阶段（1996—2006 年）

这一阶段国内对于社会保障公平性问题的研究，大致可以分为两类。一类是对于国外社会保障制度实践的借鉴与思考，即通过对比分析，探究其他国家和地区社会保障制度中蕴含的公平理念。例如，田德文介绍了以英国为代表的福利国家所面临的社会保障制度转型的困境，认为英国出现社会保障危机的原因，来自福利国家制度中"普遍性原则"与"权责一致"

这两大公平原则相矛盾所引发的冲突。[①]郑功成认为，我国应从智利的养老保险私有改革中借鉴经验，既要注意适度引入市场机制，使养老基金与资本市场有机结合，也要警惕社会保障改革不能走向私有化与个人负责的极端。[②]邓大松指出，美国的社会保障制度具有多重化、私营化等特点，进而提出我国应发展多层次的社会保障体系。[③]丁建定对德国、英国、法国以及北欧各国近代社会保障的发展历史进行了梳理。[④]以上研究都从国外的社会保障实践出发，通过制度分析，在一定程度上对社会保障的公平性问题进行了反思。另一类则是从理论出发，对社会保障制度的功能进行探索和辨析，其目的在于使理论更好地服务于我国社会保障改革事业。景天魁在对比效率主义、平等主义等两种较有代表性的社会保障理念后，认为中国的社会保障事业应以社会公正作为理念基础。[⑤]李迎生也认同社会保障制度本身蕴含的公平性特征，但在短期内，中国的社会保障制度无法实现完全意义的均等化，因此他认为，应在社会保障制度内部实行"有差别的统一"[⑥]。此外，也有学者更侧重强调将社会保障制度作为社会政策的工具，如关信平认为我国的社会保障制度应具有双重目标，即为经济建设服务的经济目标和维护社会稳定的政治目标。[⑦]

---

① 田德文. 困境与调整：英国社会保障制度析论 [J]. 欧洲，1996（5）：53-61.

② 郑功成. 智利模式：养老保险私有化改革述评 [J]. 经济学动态，2001（2）：74-78.

③ 邓大松. 论美国社会保障发展趋势 [J]. 经济评论，1997（5）：33-38.

④ 丁建定. 试论近代晚期西欧的社会保障制度 [J]. 史学月刊，1997（4）：84-89.

⑤ 景天魁. 中国社会保障的理念基础 [J]. 吉林大学社会科学学报，2003（3）：60-64.

⑥ 李迎生. 立足现实、面向未来：农村养老保障制度改革的"过渡模式"设计 [J]. 毛泽东邓小平理论研究，2005（10）：44-49.

⑦ 关信平. 论我国农村社会救助制度的目标、原则及模式选择 [J]. 华东师范大学学报（哲学社会科学版），2006（6）：29-35.

（二）社会保障公平理念的共识形成阶段（2007—2017 年）

2007 年，十七大报告中首次出现了"加快建立覆盖城乡居民的社会保障体系，保障人民基本生活"[①]的表述，并多次论及"公平"问题，这掀起了关于社会保障制度公平性问题的研究热潮。在这一阶段，随着国家层面对于社会保障制度的功能和定位的明朗化，关于社会保障的公平性问题，大部分学者也取得了共识，即在"公平"与"效率"的两极平衡之间，社会保障制度的建设理念应向"公平"趋近。刘潜认为，市场经济一定程度上带来了效率与公平的两难选择，选择效率往往意味着牺牲一定程度的公平而通过社会保障的再分配功能，可以在两者之间起到媒介作用。因此，社会保障本身是实现再分配的重要手段。[②]郑绍庆认为，社会保障制度是社会公平的体现，但社会保障实现的公平不能是均等的绝对公平，而是通过社会保障制度，缓解初次分配的不平衡，最终实现结果上的相对公平。[③]郑秉文将社会保障制度的公平性问题区分为制度中的横、纵两类公平性问题，并指出，社会保障的制度公平功能在一段时间内出现过缺失现象，主要表现为"横向烫平功能"和"纵向烫平功能"的缺失。[④]关信平认为，虽然当时我国的社会保障制度基本实现了制度层面的全覆盖，但不均等、不公平的问题仍然存在，具体表现为社会保障的城乡差异问题、社会保障水平的地区差异问题、城乡养老及医疗保障制度的待遇差异问题、

[①] 中共中央文献研究室.十七大以来重要文献选编：上 [M].北京：中央文献出版社.2009：30.

[②] 刘潜.中国社会保障研究中的"效率"与"公平"[J].重庆工商大学学报（社会科学版），2006（2）：9-11.

[③] 郑绍庆.在社保领域中应坚持"公平优先、兼顾效率"原则 [J].理论导刊，2007（5）：54-56.

[④] 郑秉文.中国社会保障制度 60 年：成就与教训 [J].中国人口科学，2009（5）：2-18，111.

城镇福利与救助制度的均衡性问题。[①]

（三）立足新时代的社会保障公平理念定型阶段（2017年至今）

2017年10月，党的十九大报告指出："中国特色社会主义进入新时代，我国社会主要矛盾已经转化为人民日益增长的美好生活需要和不平衡不充分的发展之间的矛盾。"[②] 在社会主要矛盾变化的历史背景下，社会保障的公平性问题也被赋予了新的历史含义。新时代的社会保障，首先要在发展中补齐短板，即完善社会保障制度的"兜底线"功能。在此基础之上，社会保障也要在和经济发展程度相适应的情况下，不断提高保障水平、扩大保障范围、促进社会保障制度的均衡发展，从而实现社会保障的公平性。需要指明的是，"新时代"的实践始于党的十八大召开后，但这一提法总结于党的十九大报告。因此，立足新时代的社会保障研究，主要是指党的十九大报告之后的相关研究。相关的研究又可分为如下两类。

第一类文献是关于如何理解"新时代社会保障制度"这一概念的研究。郑功成于2017年发表的《全面理解党的十九大报告与中国特色社会保障体系建设》一文，是关于新时代社会保障问题影响力较大，且较为权威的解读性文献。文章详细分析了党的十九大报告中关于社会保障部分的论述，认为党的十九大报告分别从微观、中观、宏观三个层次对我国新时代社会保障体系建设提出了要求。文章将党的十九大精神贯彻到社会保障的具体领域，指出新时代社会保障面临的主要问题实际上就是我国社会主要矛盾在社会保障领域的具体体现，即社会保障不平衡、不充分的问

---

① 关信平.当前我国社会保障制度公平性分析[J].苏州大学学报（哲学社会科学版），2013，34（3）：1-9，191.

② 中共中央文献研究室.十九大以来重要文献选编：上[M].北京：中央文献出版社，2019：8.

题。[1] 以这一文献的解读视角为依据，一些学者也将社会保障公平性问题同新时代我国社会的主要矛盾相联系，立足国家视角，从顶层设计的角度出发，具体分析了新时代我国社会保障制度面临的公平性问题。例如，李春根、熊萌之、夏珺认为，在社会保障领域的主要矛盾当中，不平衡体现为区域发展的不平衡与城乡发展的不平衡问题；不充分则体现为社会保障的覆盖面不充分，以及整体的保障水平偏低问题。[2] 席恒认为，如今的社会保障问题，要以中国社会的主要矛盾为约束条件，考虑到人民群众对民生需求的层次性和差异性；要通过进行制度优化、管理创新、质量提升，使人民的获得感、幸福感、安全感得到保障。[3] 牛海等人将社会保障体系体现的不平衡、不充分的发展矛盾概括为不同群体间社会保障待遇差距问题、不同省区间社会保障基金收支平衡问题、保障负担水平与保障水平的匹配问题等，这也是社会保障公平性问题的具体体现。[4] 郑秉文认为，不平衡、不充分的矛盾也同样存在于社会保障领域，主要表现为社会保障制度主体结构的不平衡、制度实践的不平衡。[5] 除此以外，也有学者从其他视角出发，对社会保障公平性问题予以独特解读。毕天云将党的十九大报告中蕴含的"民生七有"思想解读为新时代的社会福利思想，认为"民生七有"的提出，具有鲜明的民生为本性、范围广泛性与人生全程性。同时，他还认为，社会福利制度面对的公平性问题，主要体现为制度覆盖的

---

① 郑功成. 全面理解党的十九大报告与中国特色社会保障体系建设 [J]. 国家行政学院学报，2017（6）：8-17，160.

② 李春根，熊萌之，夏珺. 从社会主要矛盾变化看我国社会保障制度改革方向 [J]. 社会保障研究，2018（2）：16-20.

③ 席恒. 新时代、新社保与新政策：党的十九大之后中国社会保障事业的发展趋势 [J]. 内蒙古社会科学（汉文版），2019，40（1）：24-30.

④ 牛海，孟捷. 新时代我国社会保障体系的主要矛盾及其优化路径研究 [J]. 西北大学学报（哲学社会科学版），2019，49（4）：99-103.

⑤ 郑秉文. 中国社保制度改革取向与基本原则 [J]. 经济研究参考，2019（12）：127-128.

碎片化等问题。[①]

第二类文献，则是在结合党的十九大报告精神的基础上，关于如何理解社会保障的公平性概念的相关研究。对此，不同学者也持有不同观点。李珍指出，在讨论新时代的社会保障公平问题前，应首先定义公平，现阶段我国社会保障应追求的公平是社会公平，而非经济公平。[②]景天魁将改革开放以来民生领域的建设理念概括为"底线思维"，并指出，党的十八大以后，"底线思维"上升为中国治国理政的方法论，保障基本公平也逐渐演化为社会保障领域建设的基本原则。[③]高和荣也认为，区别于起点公平、形式公平以及结果公平，新时代社会保障的价值取向应该解释为底线公平。[④]以上学者的观点，可以总结为两点：第一，社会保障制度本身天然蕴含公平这一价值取向；第二，中国新时代的社会保障制度，应该划分为底线性制度与非底线性制度，其中，底线性制度强调公平性与普惠性，非底线性制度则未必要求普惠性原则。

二、根据研究视角进行划分

（一）基于规范性视角的研究

应当指出，首先，就学科特点而言，社会保障问题不是纯粹的社会学、经济学、政治哲学问题。社会保障学与这些学科既相互独立，又交融重合。但是社会保障学与这些学科的共同特点在于，都要对诸如"是什么""为什么"等问题做出回答。其次，无论哪一具体领域，当论及公平

[①]　毕天云."七有"：中国特色社会主义新时代的福利理想[J].学术探索，2018（11）：62-68.

[②]　李珍.新时代：中国社会保障发展的新蓝图[J].社会保障研究，2017（6）：3-10.

[③]　景天魁.底线思维：层次、辨正与意义[J].探索与争鸣，2018（9）：30-32.

[④]　高和荣.底线公平：新时代中国社会保障的价值要求[J].厦门大学学报（哲学社会科学版），2018（3）：9-14.

性问题时，也必须先对公平的定义和内涵做出解释或判断。因此，社会保障的公平性问题，必然是一个价值判断问题。最后，将价值判断作为研究视角甚至研究内容本身，是马克思主义学科进行社会科学研究的基本方法和基本范式。

从社会公平视角对社会保障制度进行研究，必须首先明确"社会公平"这一概念。社会保障学的研究者在既定的学科视角下给出了关于公平的定义。例如，郑功成将公平和平等理解为对应的一对范畴，强调平等能够通过数据对利益分配结果进行衡量，进而做出客观性的描述；而公平则是对于这种结果做出的价值判断。由于公平是对社会权利分布状态做出的评价，因此，"社会公平问题的实质是权益失衡问题"[①]。江华将社会保障的平等定义为经济平等，但又指出，这种平等并不能简单地局限于结果的均等或平均，而是在消除由特权、身份地位等差异的基础上形成的公平。[②] 这种观点实际上就是将平等定义为公平。王一从公民权利的视角出发，强调了社会保障理念的价值判断问题，认为社会保障不应是人道主义层面的施舍，而应是现代公民在社会生活中应具备的基本权利。在此基础上，王一对中国社会保障制度的公平性问题进行了解读。通过理论分析与历史梳理，他认为"福利身份化"的固化，是中国社会保障制度出现差别化的主要原因，并指出中国社会保障公平性的实现，主要依赖社会保障制度"去职业身份化"与"去商品化"的实现。[③] 李珍着重辨别了"平等"与"公平"的区别：在分配领域，"平等"趋近"均等"，"公平"则意味着个人按生产中的贡献获取报酬；"平等"并不完全意味着"公平"，

---

① 郑功成. 中国社会公平状况分析：价值判断、权益失衡与制度保障 [J]. 中国人民大学学报，2009，23（2）：2-11.

② 江华. 中国社会保障经济公平的非均衡发展研究 [D]. 北京：首都经济贸易大学，2013.

③ 王一. 公民权利视角下社会保障制度"去身份化"问题研究 [D]. 长春：吉林大学，2015.

"不平等"也并不意味着"不公平"。"公平"和"效率"之间的关系，既矛盾又统一。李珍认为，社会公平应该定义为"政府通过各种制度提供机会公平、规则公平，并基于一定的价值观，通过再分配制度调节成员间过大的资源或者收入差距，以达成某种程度的资源或者收入平等的目标或状态"。[①] 李迎生认为，无论是"平等"，还是"公平"，都涉及对个体差异的认知问题。他认为，"平等"强调抹去差别，在语义上更接近"均等""平均"的含义；而"公平"则是承认差异，并正视差异的存在，但强调将差异限制在合理范围之内。因此，社会公平应包含三方面特点：首先，社会公平具有理想性；其次，社会公平的实质是社会权益的正当划分；最后，社会公平的最终目的是个人价值的实现。[②] 综合以上结论，可以看出，对于公平、平等、公正等概念的具体解读，学者之间并未形成统一的认识。但在各种相关论述中，能得到以下共识，即公平不是绝对的，公平是一种主观认知，社会公平问题与社会利益或权益分配紧密相连。

（二）基于实证分析视角的研究

相较规范性研究，实证研究更加偏重通过审慎的定量分析获得结论。在社会保障公平性问题上，相关的实证研究文章数量虽然不多，但由于采用了较为科学严谨的量化分析方法，因此具有不可忽视的重要地位。例如，景天魁明确了社会保障底线公平的测算方法，将社会保障底线公平拆解为生存权利公平、发展权利公平、健康权利公平三个维度。此外，他还提出了包括应保尽保率、最低生活保障的城乡之比、义务教育完成率、义务教育生均经费城乡之比在内的共计九个具体测量指标，用于测算社会保

① 李珍.社会保障理论：第4版[M].北京：中国劳动社会保障出版社，2017：66.
② 李迎生.中国社会政策改革创新的价值基础：社会公平与社会政策[J].社会科学，2019（3）：76-88.

障制度的公平性。[①]韩克庆通过构建指标体系，测算养老保险、医疗保险、最低生活保障等三项覆盖面较广的社会保障制度，并将这一标准运用到实际分析中，对当时中国社会保障制度的公平性进行了全面的评估。[②]穆怀中从生存公平和劳动公平两种视角出发，界定了党的十九大报告中社会保障领域提出的"保障适度"概念，并给出了相应的量化指标。其中，生存公平是"保障适度"的下限追求，其定量指标是我国居民在养老、医疗、最低保障等三个主要社会保障领域中的恩格尔系数；而劳动公平是"保障适度"的上限追求，其定量指标则是我国劳动人口的收入再分配系数。[③]孙敬水、吴娉娉认为由于我国城乡、地区之间社会差异较大，在公平的满意度问题上，只有将起点公平、过程公平、结果公平三种因素综合考虑，才能得出较为客观的结果。[④]另外，同年上述两位学者在再分配公平满意度相关研究中，将社会保障的公平指标拆解为居民公平认知，社会保险满意度，社会救助、社会优抚和社会福利满意度，弱势群体帮扶满意度等若干指标。在通过问卷的方式收集数据，运用统计学模型进行分析后，得出了"社会保险、社会救助、社会福利、弱势群体帮扶等满意度均对再分配满意度具有正影响，但其影响程度有所不同"的结论。[⑤]

[①] 景天魁.底线公平概念和指标体系：关于社会保障基础理论的探讨 [J].哈尔滨工业大学学报（社会科学版），2013，15（1）：21-34，4.

[②] 韩克庆.社会保障公平性的测量准则与效果评估 [J].社会保障研究，2019（3）：82-99.

[③] 穆怀中.社会保障的生存公平与劳动公平："保障适度"的两维度标准 [J].社会保障评论，2019，3（2）：3-13.

[④] 孙敬水，吴娉娉.初次分配公平满意度研究：基于起点公平、过程公平、结果公平的微观证据 [J].浙江大学学报（人文社会科学版），2019，49（4）：88-104.

[⑤] 孙敬水，吴娉娉.再分配公平满意度研究：基于税负公平、社会保障公平和转移支付公平的微观证据 [J].财经论丛，2019（7）：102-112.

（三）基于制度构建视角的研究

如果说基于规范性分析、实证分析视角的研究，分别解决了如何定义社会保障中的公平，以及如何测量社会保障制度公平水平的问题，那么基于社会保障制度建构视角进行的研究，则立足社会保障事业发展的历史趋势与现状，从社会保障体系建设的宏观视角，探讨了提升社会保障公平性的可行路径。

2007 年前后，随着"社会福利制度由补缺型向适度普惠型转变"这一理念的提出，有学者开始从社会福利体系建构的视角，定义社会保障制度的公平性问题。景天魁认为，社会保障的目标模式应满足适度性、适当性、适用性三个基本要求，并据此提出社会保障制度应建设"底线公平的福利模式"。[①] 作为对这一理论的补充，在其随后的若干研究中，就底线公平的概念、测算指标、底线公平与社会发展的关系、底线公平与社会保障制度整合的关系、底线公平与多层次养老体系的关系等问题进行了系统梳理，构成了较为全面的理论体系。[②] 毕天云从底线公平的视阈下，探讨了中国社会福利制度体系的建设问题。根据底线需求与非底线需求的区别，将广义上等同于社会保障制度的社会福利制度，划分为底线性制度、非底线性制度与跨底线制度三种基本类型。[③] 毕可影、曾瑞明认为，作为社会福利体系的两种模式，"补缺型社会福利"到转向"普惠型社会福利"是公平正义的体现。借鉴"底线公平"的概念，"适度普惠型的社会福利体系"这一表述强调的是在制度充分覆盖的前提下，"底线"之下由政府

[①] 景天魁.大力推进与国情相适应的社会保障制度建设：构建底线公平的福利模式 [J].理论前言，2007（18）：5-9.

[②] 景天魁.底线公平概念和指标体系：关于社会保障基础理论的探讨 [J].哈尔滨工业大学学报（社会科学版），2013，15（1）：21-34，4.

[③] 毕天云.论底线公平视阈下的中国社会福利制度体系 [J].学习与实践，2011（1）：90-95.

主导，"底线"之上由市场负担。[①] 此外，曾瑞明、毕可影还提出了经济适度性、社会适度性两个普惠型社会福利制度发展的衡量维度，[②] 这实际上也可以理解为从经济公平、社会公平两个角度对社会保障的适度性问题进行的分析。

实现社会保障的全民覆盖与均等化是完善社会保障制度、贯彻社会保障公平原则的内在要求。然而，受经济发展水平的客观条件所限，普惠型社会保障制度建设无法一蹴而就，必须依赖循序渐进的发展模式，以提升公平性为主线。郑功成提出了社会保障体系发展的"三步走"战略：在第一阶段（2008—2012 年）建立覆盖全民的各项社会保障制度；在第二阶段（2013—2020 年）补足社会保障制度的城乡差异，实现制度整合与待遇公平；在第三阶段（2021 年前后）建立以养老制度、医疗制度为重点的国民社会保障制度。[③] 米红、王丽郦也提出了中国和谐社会保障体系"三步走"的战略：第一步，以城乡统一为重点，实现覆盖城乡的社会保障体系；第二步，以区域公平为重点，实现"大区域城乡衔接"的社会保障体系；第三步，在中华人民共和国成立 100 周年之际，实现社会保障在全国范围内的衔接。[④] 戴建兵、曹艳春提出了社会福利建设的三个阶段：第一阶段（2010—2020 年），要完善社会福利的基本制度建设；第二阶段（2020—2030 年），通过对欠发达地区的制度补足，在全国范围内实现以公民为对象的社会福利制度；第三阶段（2030—2050 年），社会福利制度

---

① 毕可影，曾瑞明.普惠型社会福利的中国理解 [J].改革与战略，2014，30（12）：16-19，71.

② 曾瑞明，毕可影.普惠型社会福利适度发展的考量维度 [J].中共福建省委党校学报，2015（8）：83-88.

③ 郑功成.中国社会保障改革与发展战略：理念、目标与行动方案 [M].北京：人民出版社，2008：42.

④ 米红，王丽郦.从覆盖到衔接：论中国和谐社会保障体系"三步走"战略 [J].劳动保障世界（理论版），2010（1）：3-8，151.

覆盖实现全面普及，保障水平与中等发达国家相近。[1]

丁建定、杨泽以西方国家社会保障制度建设为模板，提出社会保障制度应包括内容体系、结构体系与层次体系三个方面。[2] 在之后的相关研究中，丁建定、曹永红基于"三体系"的视角对中国农村养老保障制度的变迁问题、农村养老保障制度的完善问题分别进行了分析。[3] 研究认为，以内容体系缺失、结构体系碎片化、层次体系不均衡为代表的三大问题，是完善公平性农村养老保障体系所面对的主要挑战。[4]

[1] 戴建兵，曹艳春.论我国适度普惠型社会福利制度的构建与发展 [J].华东师范大学学报（哲学社会科学版），2012，44（1）：26-31.

[2] 丁建定，杨泽.论西欧社会保障制度的三个体系 [J].社会保障研究，2013，17（1）：55-64.

[3] 曹永红，丁建定.改革开放以来中国农村养老保障制度体系的变迁与评估：以"社会保障制度三体系"为分析框架 [J].理论月刊，2016（7）：140-146.

[4] 丁建定，曹永红.共享发展理念视域下中国农村养老保障制度体系的完善：基于"社会保障制度三体系"的分析框架 [J].学海，2017（6）：42-47.

第三章　新时代中国特色社会保障道路

第一节　新时代中国特色社会保障 道路的探索与形成

改革开放以后至党的十八大召开之前，我国社会保障事业经历了艰辛的改革探索过程。20 世纪 90 年代末以来，尤其是 21 世纪以来，我国社会保障的改革步伐明显加快，各类社会保障制度逐步建立，为新时代中国特色社会保障道路的形成奠定了重要基础。党的十八大以来，我国全面建成了覆盖城乡居民的中国特色社会保障体系，主要体现在以下几个方面。

一、保障内容从局部迈向全面

我国社会保障的内容体系日益完善，养老、医疗、失业、工伤、生育等各项社会保险制度体系逐步形成并不断优化，新型综合社会救助体系正式建立并走向制度化，社会福利与社会服务体系不断完善。我国社会保障事业越来越注重城乡居民社会保障需求的多样性、全面性，保障内容从侧重低水平的经济保障到兼顾精神保障与服务保障，从狭义的社会保障走向广义的民生保障，从生存型保障走向发展型保障。在注重经济保障的同时，我国逐步加强社会福利与公共服务体系建设，不断提升人民的生活质量和幸福感。教育、医疗健康、就业福利与服务的保障工作日益完善，有助于提升我国的人力资本水平，提升劳动者的发展能力与竞争能力。

二、覆盖范围从少数迈向全民

我国逐步扩大社会保障覆的盖范围，从少数群体走向全体人民，从正规就业人员扩大到非正规就业人员，从劳动者扩大到城乡居民，从"广覆盖"走向"全覆盖"。以养老保险为例，养老保险开始主要针对城镇国有企业职工，逐步扩大到城镇各类企业职工、个体工商户和灵活就业人员。此后，我国建立了城乡居民社会养老保险制度，出台了农民工参加养老保险的办法，养老保险制度基本覆盖各类身份的人群。其他社会保障制度也在不断扩大覆盖面：医疗保险覆盖对象从城镇职工、正规就业人员逐步扩大到城乡居民、非正规就业人员，基本医疗保险率先实现了全覆盖；工伤保险覆盖面不断扩大，强调覆盖各类企事业单位组织和有雇工的个体工商户；以最低生活保障制度为核心的社会救助体系覆盖面不断扩大，努力实现"应保尽保"的目标。

三、制度形式从分割迈向整合

在新发展理念的指引下，社会保障改革更加注重协调发展、公平发展、共享发展，从割裂化、碎片化日益走向整合、共享，主要体现在项目整合、制度并轨、城乡统筹、管理整合等方面。在项目整合方面，我国将生育保险并入医疗保险中，对不同社会救助项目进行整合，促进了社会保障制度体系的科学化发展。在制度并轨方面，主要是指机关事业单位养老、医疗保险制度与企业职工养老、医疗保险制度的并轨，促进了人员流动，优化了人力资源配置，提升了制度的公平性。在城乡统筹方面，我国自 2014 年开始建立统一的城乡居民养老保险制度 2016 年开始推进城乡居民医疗保险制度整合，逐步建立统一的城乡居民医保制度。此外，我国仍在积极推进最低生活保障和其他社会救助的城乡统筹发展。

四、管理体制从分散迈向统筹

我国的社会保障在行政管理、经办服务、筹资管理、统筹层次等方面均取得了重要进展，逐步趋于整合、适度集中，努力实现社会保障的统筹管理、科学管理。在行政管理方面，经过 1998 年、2008 年、2018 年三次大的机构改革，我国的社会保障管理体制越来越合理化、科学化。1998年，我国组建了劳动和社会保障部保险；2008年，我国组建了人力资源和社会保障部，进一步完善了社会保险的管理体制；2018年，我国成立了国家医疗保障局，整合了医疗保障与医疗卫生体制改革的相关职能。在经办服务方面，我国逐步整合各项社会保障经办管理业务，尤其是在基层，实现了各项社会保障业务的统一经办服务。在筹资管理方面，我国逐步理顺社会保险费征收机制，从原来由税务机关和社会保险经办机构共同征收的状态逐步走向由税务部门征收。在统筹层次方面，城镇职工基本养老保险从原来的地市级统筹到如今基本实现省级统筹，建立了中央调剂金制度，并向全国统筹的目标迈进。城镇职工基本医疗保险、居民医疗保险、失业保险、工伤保险等其他社会保险制度也在逐步适度提高统筹层次。

五、待遇水平从较低迈向适度

随着社会经济发展水平的提升和国家财政能力的增长，我国社会保障待遇水平逐步提升。自2005年以来，我国已经连续多年上涨企业退休人员的基本养老金水平，2016年以来，我国实现了连续四年同步适当提高企业和机关事业单位退休人员的养老金水平。城乡居民的基础养老金水平也逐步上涨，从最初的每人每月55元起步，上涨到2018年的每人每月88元。我国医疗保险不断扩大保险药品、服务目录范围，稳步提升待遇水平。2015年，我国城镇职工医保政策范围内住院费用报销比达到81.9%，城镇居民医保政策范围内住院费用报销比达到68.6%。[①]同时，全国各地基本医疗保险门诊大病、慢性病报销待遇与病种逐年增加，基本医疗保险药品报销目录范围逐步扩大，居民医保门诊统筹已覆盖我国90%以上的地区。

---

① 谭中和.我国职工医保筹资和待遇水平现状及对有关问题的思考[J].中国医疗保险，2017（6）：9-14.

六、责任分担从包办迈向共担

在改革过程中，我国社会保障事业将责任共担机制的建立和保障模式的社会化作为改革的重要突破口，尤其是在社会保险制度改革中，我国适度引入了个人筹资责任，即养老、医疗、失业等社会保险缴费由单位和个人共同完成，财政承担兜底责任和缴费补贴责任。与社会保障责任共担机制相关联的是社会保障资源配置机制的完善，从以政府财政投入为主的单一的公共资源配置方式向多元化的社会保障资源配置方式转变。同时，以个人自我保障和家庭保障为基础，整合政府配置资源的福利性保障、市场配置资源的个性化保障、社会配置资源的公益性保障，在明确不同社会保障项目属性和需求的基础上，采取不同的资源配置方式。

第二节　新时代中国特色社会保障
道路的经验与特征

一、新时代中国特色社会保障道路的基本经验

第一，追求社会保障与经济发展的良性互动。社会保障事业发展对于社会主义市场经济体制的建立和完善、国民经济的持续快速发展都发挥着至关重要的作用。同时，社会主义市场经济体制改革和经济发展方式的转型也为社会保障改革提供着重要动力，经济的持续快速发展为社会保障事业发展奠定了重要的物质基础。我国在社会保障的改革过程中，始终注意社会保障与经济发展的适应性，遵循低水平起步和适度性保障原则，不搞超越经济实力的福利政策，不盲目追求社会保障的高水平，注重社会保障的可持续发展。

第二，遵循先易后难、循序渐进的改革路径。我国社会保障改革是

逐步推进的，从无到有、先易后难，保障项目从少到多，保障范围从窄到宽，保障水平逐步提升，运行机制逐步完善，目标思路逐步清晰。每项社会保障政策的出台和每种社会保障制度的建立往往要先经历前期的试点探索，以此总结问题，积累经验，平衡各方利益，减少改革带来的社会震荡和负面效应，实现社会保障改革的"稳中求进"。在社会保障体制改革的过程中，有关部门要使自下而上与自上而下相结合，综合考虑经济社会发展的复杂性和非均衡性，通过设立与经济社会发展相适应的社会保障制度，逐步满足不同群体差异化的社会保障需求。改革路径的合理选择，为社会保障制度的体系建设和覆盖面的扩大发挥了重要作用。

第三，注重整合运用政府、市场与社会等保障资源。我国对社会保障的投入史无前例，数额巨大的财政投入为社会保障体系的完善发挥了至关重要的作用。此外，政府还积极加强社会保障制度建设，不断完善社会保障制度设计，加强社会保障管理服务，特别是在兜底保障、基本保障和弱势群体保障等方面，政府作用更加明显。政府在充分发挥作用的同时，积极运用市场和社会资源，着力构建多样化、多层次的现代社会保障体系，增强社会保障的激励性、效率性与可持续性。例如，在补充保障发展、养老服务提供、社会保障经办服务、社会保障基金管理与投资、保障性住房建设、社会救助与慈善事业发展等方面，市场与社会的作用比较明显。

第四，不断追求社会保障改革的规范化与法治化。在社会保险方面，我国出台了《工伤保险条例》《失业保险条例》《社会保险登记管理暂行办法》《社会保险费征缴暂行条例》等法规。在社会救助与社会福利方面，我国出台了《中华人民共和国农村五保供养条例》《城市居民最低生活保障条例》《社会救助暂行办法》《残疾预防和残疾人康复条例》《中华人民共和国残疾人教育条例》《中华人民共和国残疾人就业条例》《住房公积金管理条例》，特别是 2010 年《社会保险法》的出台，意味着我国社会保障事业的法治建设迈入了新阶段。此后，2012 年，我国出台了《中华人民共和国军人保险法》，2016 年，我国出台了《中华人民共和国慈善法》。

第五，注重借鉴国际经验。我国社会保障改革也借鉴了一些其他国家的相关经验，如德国的社会保险模式、新加坡的公积金模式、智利公共养老金的个人账户模式。同时，我国还注重基金积累，积极应对人口老龄化，设立了全国社会保障基金理事会，强调不同主体责任共担，尤其是在社会保险筹资中强调单位和个人共同分担。积极加强多层次社会保障体系建设，满足不同人群多样化、差异化的社会保障需求，分散社会保障风险。这些方面都体现出我国社会保障改革对国际经验的合理借鉴。

二、新时代中国特色社会保障道路的主要特征

第一，逐步满足人民群众日益增长的多样化社会保障需求。紧密围绕各类需求推进制度建设，为满足劳动者和城乡居民多样化的保障需求，探索建立多层次的社会保障体系。在这一社会保障体系中，既有普惠性、福利性的基础养老金和老年津贴，也有养老、医疗、失业、工伤等体系化的社会保险制度；既有基本保障制度，也有补充保障制度。随着城乡居民的生活需求日益升级，社会保障的待遇水平也在不断提升。社会保障的内容从基本的经济保障走向兼顾服务保障与精神保障，全面满足劳动者和城乡居民的各类需求。在改革完善基本社会保险制度和社会救助制度的同时，我国也在积极发展各类社会福利制度，发展住房保障、教育保障、健康保障，着力提升我国的人力资本水平和劳动者的发展能力。

第二，注重公平共享与互助共济。我国重视公平共享的社会保障理念，着力加强特殊人群的兜底保障，充分发挥社会保障在反贫困中的积极作用；强调发挥社会保障制度的收入再分配作用，推动实现共同富裕；不断扩大社会保障覆盖面，努力实现人人公平享有社会保障的目标。我国的社会保障制度改革秉持互助共济理念，强调对弱势群体的关怀，倡导社会成员之间相互支持，追求社会保障的公平发展。无论是社会保险、社会救助还是社会福利，都体现出互助共济的特征。社会保险的社会统筹部分是

典型的互助共济，社会救助更是典型的扶危济困，社会福利则是通过公共资源的再分配定向支持特定人群，从而实现互助共济。慈善事业是高收入者向低收入者的无偿、自愿支持，直接体现了互助共济的社会文明。

第三，充分体现了人民性和社会主义制度优势。中国特色社会保障制度体现出高度的人民性，这是我国社会保障的最大特色。新时代我国社会保障事业的发展坚守以人民为中心的实践价值，在以人民为中心的价值指引下，社会保障体系不断完善，迈向高质量发展的新阶段。中国共产党的领导是中国特色社会主义的本质特征，集中力量办大事是中国特色社会主义制度的最大优越性。在社会保障体制改革的过程中，我国的制度优势充分体现，社会保障的制度设计能力、资源动员能力、组织实施能力不断提升。我国大力推进社会保障体制机制改革，解决了若干难题，推动了社会保障体系的不断完善。

第四，注重社会保障改革的协调推进与城乡统筹发展。我国在进行社会保障改革时，不采取"一刀切"的极端做法，而是兼顾不同因素，注重社会保障改革的协调性、平衡性。例如，在制度模式方面，社会统筹与个人账户相结合的社会保险制度模式就是结合现收现付型与基金积累型制度的优势，既不是完全的现收现付，也不是完全的基金积累；在社会保障的水平设置方面，既不过高，也不过低，追求社会保障的适度性；在制度转轨方面，平衡不同年龄段人群的利益，遵循"老人老办法、新人新办法、中人逐步过渡"的原则；在资源配置方面，追求政府与市场的结合，发挥各自优势；在改革目标方面，追求公平与效率的结合。我国不断推动社会保障的城乡统筹发展，建立了城乡统一的居民养老保险制度、医疗保险制度，最低生活保障与社会救助的城乡统筹发展也在积极推进。

第五，重视发挥农村集体、城市社区在社会保障中的作用。农村集体与城市社区是社会治理的重要主体，也是社会保障的重要主体，农村集体与城市社区更加了解城乡居民的社会保障需求与保障能力，在社会保障的管理服务过程中承担重要职责，一些农村集体还承担缴费筹资的职责。

除职工社会保障外，居民社会保障的实施工作主要依赖集体和社区。此外，农村集体与城市社区还在养老服务、医疗卫生服务、特殊群体社会服务方面发挥着重要作用。中国社会保障改革的这一特点，有利于更好地了解和满足城乡居民的社会保障需求，为社会保障制度改革发挥"实施者""试验场"和"反馈器"作用。

第六，强调发挥家庭保障的基础性作用。无论是经济支持，还是服务提供、生活照料、精神慰藉，家庭保障均发挥了重要的基础性作用。在我国社会保障体系改革的过程中，家庭保障的基础地位并未动摇，家庭保障与社会化保障相互补充，尤其是在养老保障方面，家庭具有天然的情感满足与精神慰藉优势，在社会养老服务体系尚处于不断完善过程中的背景下，家庭保障的重要性更加凸显。

第三节　新时代中国特色社会保障道路形成的四重逻辑

新时代中国特色社会保障道路是政治、经济、文化、社会等诸要素综合作用的结果，其形成逻辑主要包括历史与文化逻辑、时代与现实逻辑、制度与体制逻辑、风险与回应逻辑四个方面。

一、历史与文化逻辑

丰富的社会保障思想基础与优秀的传统文化，为中国特色社会保障道路的形成奠定了重要基础。自古以来，我国就有追求"小康""大同"社会的美好理想。2000多年前，在西汉时期礼学家戴圣编撰的《礼记》中，《礼运》一篇即提出了"使老有所终，壮有所用，幼有所长，矜、寡、孤、独、废疾者皆有所养"。我国历史上也有着丰富的社会保障实践，如汉代王杖制度集传统孝道、尊老文化与家庭保障、国家福利于一体，达到一定年龄的老年人就可享有相应的特权，包括崇高的社会地位与相应的物质待遇。自古以来，社会保障就被视为国家或政府职能的重要组成部分。早在商朝，王室就推行过巫术救荒、养恤赎子等措施；西周时期的政治家周公旦在《周礼·地官》中提出了"一曰慈幼，二曰养老，三曰振穷，四曰恤贫，五曰宽疾，六曰安富"的社会救济政策。[①] 此后，我国古代历代统治者均将救荒、济困、养疾、恤孤、优抚等作为政府的重要职能。

优秀传统文化是一个国家、民族传承和发展的基础，我国优秀传统文化是中国特色社会保障道路形成的重要力量。儒家文化强调仁爱互助、尊老爱幼、孝敬父母、崇尚公平、追求和谐等，这些理念在中国社会保障体系中有着明显的反映，并将持续影响中国社会保障事业的未来发展。儒家文化的中庸、和谐思想在社会保障改革中也体现得淋漓尽致。在制度模式选择与制度设计中，我国社会保障力求兼顾公平与效率，考虑各方面的因素，注重运用家庭资源，发挥家庭保障的基础性作用，强调亲属、邻里等非正式保障资源的运用。这些方面均是对历史文化的继承和发展。

二、时代与现实逻辑

社会保障改革是时代变革的需要，服务和推动时代的发展进步；时代的发展变革也为中国特色社会保障道路的形成提供了条件和动力。

在社会层面，我国逐步从传统社会迈向现代社会，社会日益分化，人们的就业方式、家庭结构、生活方式、价值观念、权利意识均发生了明显变化。原有的社会保障模式已难以适应社会的发展变化，需要建立一种新型的国民生活保障系统，以满足不同人群差异化的社会保障需求，进而更好地推动社会进步。在经济层面，我国逐步从计划经济体制走向社会主义市场经济体制：在城市，以国有企业改革为重点，减员增效，增强企业活力和效率；在农村，废除人民公社，实行家庭联产承包责任制，充分调

---

① 郑功成.中国社会保障论[M].北京：中国劳动社会保障出版社，2009.

动广大农民的积极性，提高农业生产率。经济体制改革直接推动了社会保障体制改革，促使社会保障改革探索建立与经济体制改革相适应的社会保障体系。我国改革开放的巨大成果也极大地推动了国民经济的快速增长，为社会保障发展奠定了良好的物质基础。

改革开放的规划性、渐进性、全面性为社会保障改革指明了方法和路径。中华人民共和国国民经济和社会发展五年规划纲要，在制定综合性规划的同时，还出台了若干专项规划，社会保障发展规划就是其中之一。改革开放是循序渐进的，社会保障的改革同样如此，社会保障模式的调整即社会保障制度从无到有、覆盖范围从小到大、待遇水平不断提升，都不是一步到位的。改革开放具有全面性，涉及政治、经济、社会、文化和人民生活的方方面面，社会保障改革同样具有系统性，逐步建成覆盖城乡居民的现代社会保障体系，满足城乡居民的各类保障需求。

三、制度与体制逻辑

中国共产党领导下的中国特色社会主义制度及其衍生的国家治理体制，是推动中国特色现代社会保障道路形成的根本逻辑。"只有社会主义才可能广泛推行和真正支配根据科学原则进行的产品的社会生产和分配，以便使所有劳动者过最美好的、最幸福的生活。"[1] 共享发展、共同富裕、保障和改善民生是中国特色社会主义的必然要求和必然结果。无论是革命、建设还是改革时期，中国共产党始终注重加强民生建设，党的历代领导人都非常重视人民生活的改善。党的十八大以来，习近平总书记更是强调坚持以人民为中心，把人民对美好生活的向往作为党的奋斗目标，不断增进民生福祉。此外，中国共产党是一个善于自我革命、自我更新、包容开放的政党，能够不断发现问题、解决问题，中国特色社会保障道路的形

---

[1] 列宁.列宁选集:第3卷[M].《列宁选集》中文版编译部，译.北京:人民出版社，2012.

成也体现了中国特色社会主义包容、开放的特点。坚持中国共产党的领导是中国特色社会主义制度的最大优势，这一优势为社会保障改革积聚了能量。党的执政经验与执政能力、组织协调能力与执行力，为社会保障改革提供了坚强的政治保障和资源保障。党的十八大以来，我国进一步强化了党的领导，破除了各种改革障碍，使得各项改革朝纵深方向发展，社会保障改革持续取得新进展，助推了中国特色社会保障体系的不断完善。

在中国共产党的领导下，我国积极推进国家治理体系和治理能力现代化，要求充分整合各类资源，处理好政府、市场与社会的关系，实现治理主体的多元化与协同共治。社会保障不仅是解决民生问题的重要社会政策，更是推进国家治理的必要手段与重要工具，是维系国家长治久安和人民世代福祉的基本途径与制度保障。[①]社会保障治理与国家治理融为一体，我国在实现国家治理体系与治理能力现代化的同时，要求实现社会保障治理现代化，推动社会保障高质量发展。

四、风险与回应逻辑

现代社会是一个风险丛生的社会，中国正处于现代化进程中最为关键的社会转型期，社会结构深刻变动，社会主体日趋多元，社会关系更加复杂，各类风险日益增多，各类挑战和约束显现。

在这些风险面前，个体和家庭的应对能力显得相对不足。弱势群体凭借个人的实力已经难以实现理想的生存状态。如果这些问题得不到足够的重视，个体风险将演化为群体风险、社会风险。因此，必须有系统化的制度安排，预防、阻断和化解社会风险。社会保障是化解社会风险的重要制度安排，是推进社会治理的重要工具。

收入差距过大与分配不公是社会风险的重要根源之一，随着国民经

---

① 郑功成.社会保障与国家治理的历史逻辑及未来选择[J].社会保障评论，2017，
1（1）：24-33，62.

济的迅速增长，居民收入差距持续扩大，收入分配格局面临失衡风险。近十年来，收入差距持续扩大的势头得到了抑制，收入差距小幅缩小。[①] 社会保障是调节收入分配、促进社会公平的重要手段和工具，尤其是在收入再分配过程中，社会保障可以从覆盖范围、筹资机制、补偿机制、融合性、便携性、转轨方案等方面发挥其收入分配调节作用。[②]

第四节　我国社会保障事业发展取得的重大成就

一、保障人群范围扩大、待遇水平稳步提升

社会保障普惠项目持续增加、保障人群覆盖范围不断扩大。一是基本社会保险覆盖范围与项目种类同步提升。截至 2021 年底，我国基本养老保险、医疗保险参保人数分别为 10.3 亿人、13.6 亿人，分别占制度内应参保人数的 90%、95% 以上，参保率水平持续提升，覆盖面全面铺开，全民医保基本实现；2012 年以来，各地相继开启大病保险，现已在全国 31 个省（区、市）全面开展；长护险试点范围不断扩大，参保人数持续攀升，累计人次超过 1.4 亿，受益人数与其同步增长，累计数量约 160 万人；失业保险、工伤保险参保人数分别从 2012 年的 1.52 亿人、1.9 亿人增长为 2021 年的 2.3 亿人、2.8 亿人，2021 年，失业保险和工伤保险的参保人数分别占城镇就业人口的 49%、60.5%，每年参保人数稳中有升。二是社会救助与社会福利覆盖人群逐步增长。城乡低保、城乡特困人员救助

---

① 李实，朱梦冰. 中国经济转型 40 年中居民收入差距的变动 [J]. 管理世界，2018，34（12）：19-28.

② 王延中，龙玉其，江翠萍，等. 中国社会保障收入再分配效应研究：以社会保险为例 [J]. 经济研究，2016，51（2）：4-15，41.

待遇享有人数达 4682.4 万人，做到应救尽救；儿童福利覆盖面有所延伸，扩展到所有困境儿童，且保障水平逐渐提升；残疾人"两项补贴"基本落实，享有残疾人待遇人数达 2686.5 万人，约占我国残疾人总数的 31.6%，福利享有人数比例略有扩大。三是未来保障项目将进一步扩增社会保障的普惠人群。2022 年，我国进一步扎实推进工伤预防、职业伤害保障试点与实施，进一步增加普惠项目，扩增受益人群。我国社会保障呈现出保障人数与保障项目持续优化的发展趋势。

社会保障待遇水平不断提高，全民共享社会发展成果。一是养老待遇水平逐年上调。我国从 2005 年开始，持续上调企业职工养老金，且自居民养老保险实施以来，周期性上调居民基础养老金，企业职工养老金和城乡居民中央基础养老金分别从 2012 年的月均 1686 元、55 元，上调到 2021 年的 2987 元、93 元，二者提升水平不同，但均呈现出待遇水平提高趋势；截至 2021 年底，基金委托资金投资规模达 1.51 万亿元，累计投资收益超过 2600 亿元，[①] 基金保值为保持待遇水平提供保障。二是医保费用减轻医疗费用负担力度显著。基本医疗保险、大病保险、医疗救助三重制度累计惠及农村低收入人口就医 1.23 亿人次，减轻医疗费用负担 1189.63 亿元，2021 年，长护险年人均减负超过 1.5 万元；截至 2020 年底，我国医保住院报销比例有所提升，其中，职工医保住院报销比例在 80% 左右，居民医保住院报销比例在 70% 左右。[②] 同时，针对特殊人员，如贫困人

---

① 人民日报.推动社会保障事业高质量发展：访人力资源和社会保障部有关负责人[N/OL].（2022-04-01）[2023-03-30]. http://www.mohrss.gov.cn/SYrlzyhshbzb/dongtaixinwen/buneiyaowen/rsxw/202204/t20220401_442021.html.

② 郑功成.面向 2035 年的中国特色社会保障体系建设：基于目标导向的理论思考与政策建议 [J].社会保障评论，2021，5（1）：3-23.

口、门诊慢性病等群体，医保报销比例也维持在 80% 左右，[①] 有效缓解参保群体看病就医的费用支出压力。三是医保财政补贴待遇稳步提升。2012 年，居民医疗保险的补助标准为 240 元，而到 2021 年，补贴标准提高到 580 元，2021 年，财政补助占年度筹资的 67%，政府与个人缴费比例达到 1.8∶1，个人负担比重显著下降。四是城乡低保待遇差距逐渐缩小。根据 2021 年第四季度的民政统计数据显示，城镇、农村平均低保标准分别达到每人每月 711.4 元、530 元，与 2012 年全国城镇、农村平均标准每人每月 330.1 元、172.3 元相比，待遇水平显著提高，城乡差距明显缩小。

二、从覆盖城乡向城乡统筹转变

我国社会保障向城乡统筹转变主要体现在社会保险制度的发展与改革方面。党的十八大以前，我国社会保险制度的覆盖面基本实现了由城镇职工向全体城乡居民扩展的制度化调整，覆盖城乡的社会保险制度初步定型。党的十八大以来，我国不断加大对社会保险制度的调整与优化力度，制度设计思路逐渐由覆盖城乡转向城乡统筹，在制度整合、打破藩篱和理顺服务经办三个方面取得了显著成效。

首先，对制度进行整合，迈出从覆盖城乡向城乡统筹转变的第一步。一方面表现为上述发展历程所提及的城乡居民社会养老保险、城乡居民基本医疗保险等制度的建立；另一方面表现为通过扩大覆盖人群，进一步完善制度覆盖范围，如灵活就业人员社保政策。至此，以就业为划分主线的，面向城镇职工、城乡居民和灵活就业人员三大群体的社会保险制度实现合理整合。

其次，打破藩篱，建立衔接制度，更加体现城乡公平统一。一是打

---

① 国家医疗保障局.国家医疗保障局关于政协十三届全国委员会第四次会议第 2844 号（医疗体育类 152 号）提案答复的函 [A/OL].（2021-09-09）[2023-03-16]. http：//www.nhsa.gov.cn/art/2021/10/26/art_26_7242.html.

破了社会保险户籍限制，扩大缴费选择，群体间享受待遇更加统一。我国社会保险以收入、就业、户籍实现人群划分。随着制度的整合，一方面，城镇职工缴费和享受待遇人群取消了户籍限制，使得农村户籍人口可以根据就业情况及时缴纳社会保险；另一方面，我国在 2015 年取消了灵活就业人员的城镇户籍限制，允许就业者在当地参加职工医保，保障以农民工为代表的进城务工群体能够获得参与社会保险的同等机会，享受相应的保险待遇。二是社会保险实现了横向与纵向的双重衔接。从横向来看，以养老保险和医疗保险为代表，社会保险实现了跨省、跨区乃至跨制度的业务办理，经办水平不断提升，制度之间的转移接续更加顺畅，适应人员流动性增强的现实特点，保障制度更加公平；从纵向来看，社会保险与医疗救助、养老救助、残疾人福利等项目实现有效衔接，公平性得以显现。

最后，理顺服务经办，加快统筹融合。[①] 在服务经办上，管理主体趋于一致，管理内容逐步兼容，趋于一体化经办服务；信息化在基层经办的作用加强，社保服务网络借助信息化建设，覆盖面持续扩大，延展到乡镇，辐射到社区，重视"最后一公里"的问题；医疗经办服务信息化水平提升，就医结算、医保就诊等业务更加便捷；2021 年，全国社会保障卡持卡人数为 13.4 亿人，电子社保卡累计签发 4.6 亿张，为社保经办服务高效快捷开展提供了便利。

此外，我国养老服务、儿童福利、残疾人救助等项目也惠及越来越多的城乡居民，社会福利与救助也在为城乡统筹发展蓄力。

三、社会保障兜底扶贫成效显著

2020 年，我国完成绝对贫困的脱贫治理目标，脱贫攻坚取得了全面胜利。以联合国 2030 年减贫目标为参照，我国提前 10 年完成任务，创造了减贫治理的中国样本。从具体指标来看，我国 832 个贫困县、12.8 万个

---

① 郑功成. 以人民为中心：新时代中国民生保障 [J]. 教学与研究，2021（9）：2.

贫困村、接近 1 亿的贫困人口实现全面脱贫。这样的历史壮举不仅改善了我国贫困群体的基本生活，体现了我国以人为本的治国理念，而且展现了我国向实现共同富裕迈出的一大坚定步伐。脱贫攻坚期间，我国社会保障制度体系与保障能力稳步提升，社会救助、社会福利、社会保险在扶贫减贫中的重要作用得以充分发挥。

第一，社会救助与扶贫政策密切衔接。[①] 不断强化救助制度与扶贫减贫政策在标准设计、帮扶对象、给付待遇等方面的对接，以社会救助制度助力和巩固扶贫工作成效，低保制度和特困人员供养制度将 1936 万建档立卡脱贫困难群体纳入保障范围，解决了 19.6% 的贫困人口的脱贫难题，较好地发挥了社会保障的兜底保障作用。同时，城乡低保标准稳步增长。2022 年，第一季度城乡平均低保标准分别达到每人每月 707 元和 525 元，[②]与国家扶贫标准基本持平或有所超越，低保线和扶贫线"两线合一"。适度扩大保障范围，一方面，将因病、因残疾等支出型贫困人群纳入救助保障范围，另一方面，对留守儿童、孤儿等困境儿童进行重点帮扶与补贴，促使社会救助在特殊人群帮扶中起到兜底作用。

第二，政府财政兜底能力持续增强。财政持续增加对贫困人口基本医疗保险、基本养老保险基金的补助，以及加大对医疗救助的支出，其中，针对贫困人口基本养老保险缴费难问题，政府通过代缴的方式帮助贫困人口参加基本养老保险，累计人次达 6000 多万。同时，政府财政通过开展医保扶贫专项活动的方式，有效解决了贫困人口 3300 多亿元的医疗负担，促使基本医疗保险、大病保险和医疗救助覆盖率均达到 100%。

第三，慈善力量帮扶效果显著。社会组织慈善力量是社会保障与扶

① 何晖，芦艳子. "十三五"时期中国社会保障制度可持续发展研究："十三五"时期中国社会保障理论与实践研讨会综述 [J]. 社会保障研究，2016（3）：90-97.
② 温璐，宋子节. 民政部：多措并举保障节日期间困难群众基本生活 [EB/OL].（2022-01-25）[2022-05-22]. http://society.people.com.cn/n1/2022/0125/c1008-32339344.html.

贫减贫的重要力量，对有效扶贫具有长效作用。中华慈善总会作为慈善组织的重要代表，凭借其规模化与规范化的社会运作，举办多种活动助力慈善事业，如"善济病困项目""幸福家园村社互助工程"等，对部分基层困难群众起到了直接保障的作用。

四、服务保障功能日益完备

党的十八大以来，我国在健全社会保障制度的同时，也加大了对社会保障服务的调整力度，社会保障服务功能日益完备。第一，养老保障方面，养老服务体系不断完善，加快了医养结合顶层设计，保健预防、健康老龄化理念得到有效推广；广泛吸纳社会力量，开放养老服务市场；嵌入式养老服务模式日渐成熟，将专业化的机构养老服务延伸至社区；建立养老金个人账户制度，养老保障第三支柱发挥作用，进一步促进了养老金融市场发展；养老保险中央调剂金在平衡不同地域养老金分配问题上效果显著；社保基金投资收益呈增长趋势，社会基金管理更加规范，为基金保值增值做出了积极贡献，如图 3-1 所示。

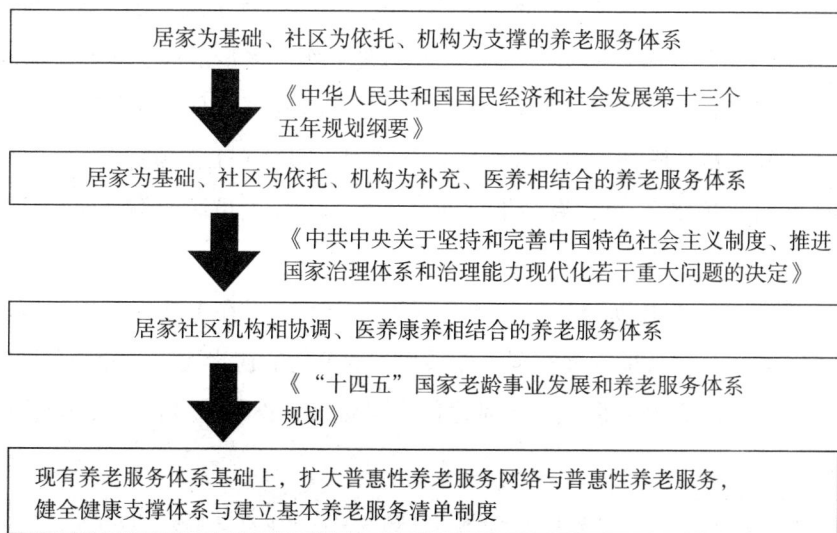

居家为基础、社区为依托、机构为支撑的养老服务体系

↓

《中华人民共和国国民经济和社会发展第十三个五年规划纲要》

居家为基础、社区为依托、机构为补充、医养相结合的养老服务体系

↓

《中共中央关于坚持和完善中国特色社会主义制度、推进国家治理体系和治理能力现代化若干重大问题的决定》

居家社区机构相协调、医养康养相结合的养老服务体系

↓

《"十四五"国家老龄事业发展和养老服务体系规划》

现有养老服务体系基础上，扩大普惠性养老服务网络与普惠性养老服务，健全健康支撑体系与建立基本养老服务清单制度

图 3-1　党的十八大以来我国社会化养老服务体系内涵演变历程

第二，医疗保障方面。一是医保体系不断优化，医疗保险与医疗救助相互衔接，呈现多样化与多层次特征，[①] 基本医疗保险政策的普惠保障功能更加凸显。居民大病保险稳定实施，并对农村低收入人口倾斜政策，医疗救助和医保帮扶实行按人群分层次倾斜救助，保障对象和待遇倾斜水平更加明晰，在医疗层面实现了保险与救助的多层次、全方位保障。二是医保跨区域经办能力提升，异地就医结算系统日渐成熟，并实现了与全国医保省级平台的信息对接，门诊费用跨省直接结算试点工作也在稳步推进。三是医保监察力度与创新力度不断加大，国家医保药品目录根据实际情况不断调整更新，定点医药机构监察力度不断增大。2021 年，DRG 与 DIP 医保支付改革方式付费试点工作全部进入实际付费阶段；2022 年，各地职工医保门诊统筹制度陆续实施。

第三，失业与工伤保险经办服务方面。一是失业保障能力稳步提升，失业保险经办业务实现网上经办；实施失业保险保障扩围政策，开展失业保险技能提升补贴；建立了建筑从业人员按项目参保和优先办理工伤保险的工作机制；开展失业补助金制度，失业保险为经济发展和社会稳定提供了强有力的支撑。二是工伤保险配套措施与政策得到了进一步完善，创新开展工伤预防、医疗防护、职业伤害相关工作，逐步形成了预防、补偿和康复相互衔接与支持的保障体系。2016 年，我国实行工伤预防试点工作，重视工伤预防和工伤医疗的防护与管理，印发《工伤预防五年行动计划（2021—2025 年）》，有序推进新就业形态就业人员职业伤害保障试点工作。

第四，社会救助与慈善、社会福利方面。本书在上述内容中也有所提及，我国社会救助制度实现了体系化与规范化的初步运作。社会救助项目在城乡之间以及救助项目类别之间，呈现统一性与协调性的发展特征，

---

① 费太安 . 健康中国 百年求索：党领导下的我国医疗卫生事业发展历程及经验 [J].
管理世界，2021，37（11）：26-40，3.

以充分发挥救助合力，发挥兜底作用。截至 2021 年 2 月，困难群体分类救助达 2000 多万人，包括重度残疾人在内的困难群体领取生活和护理社会救助补贴人次超过了 2400 万。此外，长护险试点范围不断扩大，运营模式更加合理。我国慈善事业起步较早，但是发育迟缓，随着《中华人民共和国慈善法》的颁布，我国慈善事业日趋规范化与体系化，与之相配套的制度机制逐渐完善，社会型的慈善组织数量与规模持续壮大，全国慈善信息公开平台建立，慈善监管同步跟进。[1] 我国社会保障已然从补缺型向普惠型特征发展，社会福利覆盖对象更加普遍，福利项目围绕老年人、残疾人、儿童及妇女群体建立了相应的服务内容，各项服务内容也构成了社会福利体系，国家主导型社会福利制度在促进全民共享经济发展成果方面发挥着重要作用。

第五节　党的十八大以来我国社会保障事业发展总结的经验

一、坚持党的领导，集中力量办大事

党对社会保障事业的正确领导，牢牢坚持以人民为中心这一根本立场，在社会保障实践中始终把人民对美好生活的向往作为奋斗目标，建成了惠及全民的社会保障体系。正是由于党的坚强有力、集中统一的领导，社会保障改革进一步发挥了中国特色社会主义制度集中力量办大事的政治优势，推进了社会保障事业行稳致远。第一，党不断加强对中长期规划的制定、落实与全面领导，在实现"可持续发展"的基础上，更保证了社会

---

[1]　郑功成.中国慈善事业发展：成效、问题与制度完善[J].中共中央党校（国家行政学院）学报，2020，24（6）：52-61.

保障"持续以民生为重"的发展方向。在社会保障的顶层设计层面，我国将社会保障统筹于社会发展规划的整体目标之中，注重对社会保障中长期目标的制定。在养老层面，我国将积极应对人口老龄化上升为国家战略，加快养老保险全国统筹的步伐；在医疗层面，我国贯彻落实健康中国的战略方针，多层次医疗保障体系初步建成，全面贯彻实施综合救助项目，完善长期护理保险制度的试点与拓展工作，重视推动残疾人事业、儿童福利事业与社会发展相协调。第二，把集中力量实现共同富裕、协调宏观经济发展落实到社会保障的各个方面。就业政策层面，纵深推进"大众创业，万众创新"，做好"六稳"工作落实"六保"服务，将就业、基本民生等政策与宏观经济运行相协调、相配合；实施个税专项附加扣除政策，将赡养老人、照护3岁以下婴幼儿、子女教育、住房贷款利息或住房租金、大病医疗纳入扣除范围并制定相应扣除标准，拓展经济发展成果由全民共享的实现途径。立足我国发展国情，发挥社会保障合力，以推动全社会发展，实现集中力量办大事是社会保障稳步发展的关键所在。

二、完善社会保障立法，加强社会保障制度引领

纵观各国社会保障事业的发展，立法建设是不可或缺的一部分。党的十八大以来，我国社会保障立法处于不断完善中，各项社会保障制度建设也在加快推进，社会保障事业步入法治化轨道，法治意识和法治思维不断强化。2010年，我国颁布社会保险领域第一部法律《社会保险法》，随后，相关配套政策与法律相继出台，系列法律法规的出台，进一步完善了我国社会保险的运行规范。[①] 此后，我国加快社会保障立法进程，《中华人民共和国军人保险法》《中华人民共和国老年人权益保障法》《中华人民共和国慈善法》《中华人民共和国退役军人保障法》《企业年金基金管理办

---

① 席恒，余澍，李东方.光荣与梦想：中国共产党社会保障100年回顾[J].管理世界，2021，37（4）：12-24.

法》等法律法规出台，《中华人民共和国医疗保障法》《中华人民共和国社会救助法》进入征求意见的立法程序，立法速度加快、保障能力提升。从我国社会保障法治化建设的发展过程来看，行政法规等制度规范在我国立法过程中起到的作用不可小觑，系列行政法规的贯彻落实与相关制度的严密部署，促使我国脱贫攻坚实践取得全面胜利；凭借政策的快速反应，我国将新冠感染的治疗纳入医保制度，使得亿万人民群众的生命安全得到更全面的保障和更有力的维护。然而，在肯定我国社会保障法治化水平不断提升的同时，人们也应清醒地认识到，当前我国社会保障事业的开展主要依托国家民生统筹性质的法律法规文本，专门针对社会保障层面的法律文本较少，我国社会保障事业在基本法层面仍需完善。同时，我国社会保障制度以临时性政策文本为主导，难以建立长效化的政策调节机制与相配套的措施方案，长此以往，不利于社会保障事业的常态化发展。

三、扎实推动共同富裕，构建多层次社会保障体系

我国将社会保障作为共同富裕的基础，坚持多层次社会保障与共享发展相协调。在扎实推进共同富裕的过程中，我国社会保障事业架构了强制共享、自愿共享并存的共享发展机制。如图 3-2 所示，在我国社会保障共享发展机制当中，强制共享以社会救助、社会保险为主要措施，起到兜底线、保基本的作用；自愿共享以补充保险、商业保险、市场医养服务、慈善公益、民间互助为主要内容，起到提高待遇的作用。在强制共享层面，看病难、看病贵问题得到缓解，因病致贫、因残致贫的发生率降低，为灵活就业人员提供了与工作岗位相匹配的职业伤害保险，为劳动者提供养老保障，为高危职业从业者提供有力的工伤保障。在自愿共享层面，企业年金与职业年金对基本养老保险起到较好的补充保障作用；商业性医疗保险能够在基本医疗保险的基础上，更好地缓解了医疗支付压力，市场潜力较大；市场医养服务初步起步；慈善事业正在以更加规范的姿态步入大众视野。总体而言，我国社会保障体系的保障功能日益完备，保障

力度持续加强，惠及群体日渐多样化。然而，我国多层次社会保障体系仍存在一定不足，强制共享保障项目与自愿共享保障项目呈现不平衡、不充分的发展状态。第一，强制型共享保障项目虽实现了制度人群全覆盖，但却未实现法定人群全覆盖；社会保险基金的统筹层次水平较低，互助共济能力较弱。同时，城乡之间的保障待遇与转移接续、基金保值增值等经办方面也不尽合理。第二，自愿型保障项目虽然在政府的支持下，种类日渐多样，但普及力度有限，参加人群较少且社会力量参与不足。因此，我国社会保障事业法治化建设成效显著，但其多层次发展依然稍显不足。①

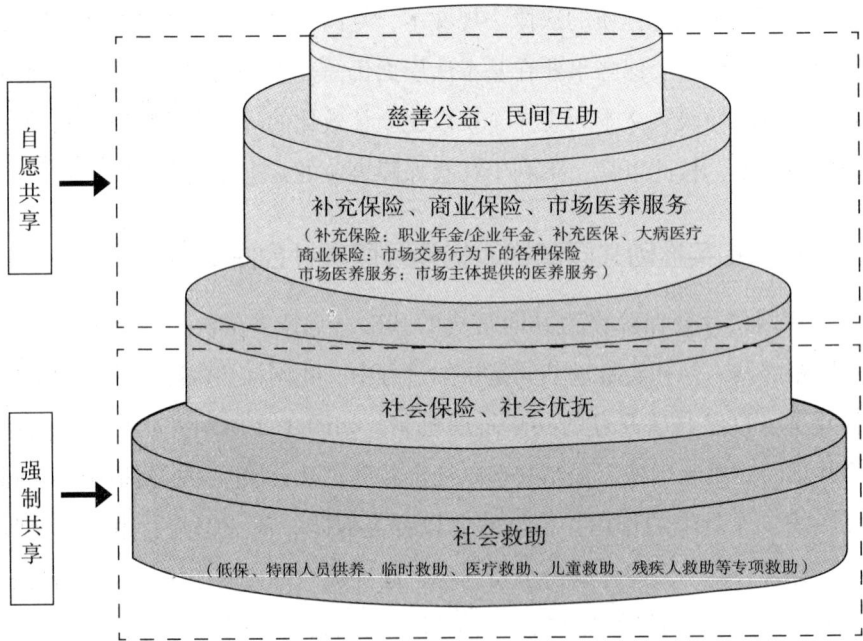

图 3-2　我国社会保障共享发展机制

---

① 苏琳."学习贯彻十九大精神、展望社保发展前景"座谈会在京召开 [EB/OL].（2017-10-26）[2023-10-26]. http://www.ce.cn/xwzx/gnsz/gdxw/201710/26/t20171026_26669325.shtml.

四、精准识别特困群体，建立精准脱贫机制

党的十八大以来，党中央高度重视扶贫工作，将脱贫攻坚作为全面建成小康社会的底线任务之一，鼓励全国社会各界力量广泛参与，攻坚克难，解决贫困顽疾。我国之所以能消除绝对贫困，是坚持了精准扶贫的科学方法与正确实践路径。精准扶贫贵在精准，"扶持谁、谁来扶、怎么扶"是扶贫的关键。首先，精准识别特困群体是脱贫攻坚的起点保障。"建档立卡—回头看—动态调整"是我国精准识别特困群体的有效经验，整个过程通过个人申报、基层干部反馈、大数据对比，有效获取和监管特困群体信息。其次，坚持精准施策与精准帮扶是扶贫的关键。坚持"分类施策"，即因人、因地、因类型识别贫困根源，进行精准施策、精准推进。创造性地形成了社会救助兜底、医疗保健、教育救助、残疾扶持、产业增收、权益保障、法律援助、养老托管、增强内生性、易地扶贫搬迁、社会帮扶、公共服务提升等十二条脱贫路径。最后，加强精准管理和精准考核是扶贫的重要支撑，要注重脱贫过程的科学性与脱贫效果的有效性。但与此同时，脱贫攻坚战在取得全面胜利后，我国扶贫与救助工作仍面临新的挑战，即如何巩固脱贫攻坚成果与如何开展后脱贫时代的扶贫与救助工作。一方面，我国巩固脱贫攻坚成果的返贫预防机制尚未成熟，返贫预防的制度设立、监测指标与平台构建等方面仍待探索；另一方面，扶贫与救助相对贫困等级的帮扶对象、帮扶标准与帮扶机制等仍需进一步细化，囿于我国解决相对贫困问题的实践经验较少，扶贫与救助帮扶工作仍任重而道远。①

---

① 刘晓梅，曹鸣远，李歆，等.党的十八大以来我国社会保障事业的成就与经验[J].管理世界，2022，38（7）：37-49.

第四章　共同富裕的理论演进、学理阐释与政策实践

第一节 共同富裕的历史渊源：从 "天下大同"到"天下共富"

自先秦时期，共同富裕的思想便已融入中华民族的历史长河中。从西汉礼学家戴圣编撰的《礼记》一书中提出的"大同"思想，到北宋时期农民起义中反对剥削制度的"均贫富"口号，再到近代孙中山先生提倡的民主革命纲领"三民主义"中"平均地权"等内容蕴含的"大同主义"，都是中华民族对"天下大同"的美好向往。自马克思主义思想传入中国，我国无产阶级在马克思主义的指导与中国传统文化的启发下，开始萌生并逐步探索共同富裕的思想内涵与实践路径，使之成为我国人民进行社会主义建设的价值引领与方法指导，并最终指向"天下共富"。

一、"天下大同"："共同富裕"的思想起点

中国人民对共同富裕理想的追求在春秋时期就已经有所体现。尽管春秋时期奴隶社会已经开始逐步瓦解，但当时生产资料仍然被宗法家族所占有，在以家庭为生产单位的小农生产模式中，人口、土地等生产要素的规模和结构决定了家族财富的多与少。随着"家"的内涵逐渐从"小"家庭延展至"大"家族、族群，甚至一度囊括了卿大夫的采地，族与族之间的财富争斗逐渐演变为列国之间的土地争夺、战乱纷争，当时，家族的兴衰决定着个体的荣辱，小家族的存活与否也依赖大家族的生死存亡。在这种宗法制社会结构的环境下，人与人之间凭借血缘、亲缘、地缘等联系与地域性的风俗习惯，处理"熟人社会"的各种事务，致使公私领域边界模糊。囿于这样的社会背景，儒家基于人性的考量，提出"天下大同"思想，认为四海之内的人类都具有共通的人性，尽管风俗习惯各不相同，但

人性相通。① 因此，从《礼记·礼运》中"大同"一词的释义来看，天下是公有的，社会中没有私有性质的财产，社会制度呈现出全民公有的特征，人与人之间地位平等、相处和谐，每个人都具有无私、高尚的道德情操，在老、壮、幼等不同阶段都能有相应的权益与作用，② 这代表古人在那时就已形成基于人性和原始社会传说而构筑的"理想国"了。但受制于当时极低的社会生产力发展水平，普通家庭能维持日常温饱都已不易，更遑论为社会提供多余的物质财富，因而在缺乏物质条件支撑的情况下，"大同"仅仅是形而上的幻想，无法成为现实。

二、"平均贫富"：公平正义的本能追求

随着中国进入封建社会，奴隶社会土地国有制彻底瓦解，封建土地所有制开始出现，其中包括以地主占有土地形式的封建地主土地私有制，即封建地主通过占有土地实现对社会财富生产和分配的掌控。在土地自由买卖合法化的背景下，一部分农民通过土地兼并成为地主阶级，通过对土地的出租获得财富，而佃农想要获得财富只能靠出卖自身劳动力。因此，人们的贫富差距日益扩大，贵贱等级越发悬殊，富人与穷人之间的阶级矛盾愈发严重，统治阶级的剥削使得底层人民更加渴求富裕的生活，因而引发了不同时期的农民起义，宋代农民起义"等贵贱、均贫富"口号的提出，更是直接体现了社会底层人民对封建社会财富分配不均的抗议，表达了底层人民对共富的渴望。③ 而清末太平天国运动则是旧式农民起义的巅

---

① 隋福民.世界经济发展不平衡、中国文化基因与"一带一路"建设 [J].新视野，2015（6）：19-25.

② 孙聚友.儒家大同思想与人类命运共同体建设 [J].东岳论丛，2016，37（11）：63-67.

③ 张怀民，尹紫薇.论共享发展理念对传统大同思想的继承与发展 [J].学校党建与思想教育，2017（18）：4-6.

峰，其领导集团提出了一系列促进共同富裕的制度，如否定封建土地所有制，并提出具体的土地分配方法。①除此之外，还提及废除私有财产、实行公有制分配等规定，升华了此前农民起义关于"等贵贱、均贫富"的理想高度。然而，这样一种制度却根本没办法实行，只能短暂地激发农民热情，长此以往，反而使人民的生产积极性受到极大挫伤，太平天国的领导集团在定都南京后的举措，也进一步说明了旧式农民起义的局限性，最终导致了这场运动的失败。但不可否认的是，在此过程中，"大同"思想得到了进一步的发展。

三、"大同主义"：意识幻象的有限尝试

我国古代长期存在的闭关锁国禁海政策，使得众多封建社会统治者一直沉醉于小农经济支撑的幻梦中，不仅与其他民族往来稀少，而且由于海外市场的缺失，国内工商业的发展受到严重威胁。随着英国资产阶级大工业生产模式的侵入，中国成了世界市场的一部分，也发展出中国资产阶级，但这种以外力入侵强行打开中国市场大门的形式，限制了中国资产阶级发展的自主性，夹缝中生存成为中国资产阶级发展的真实写照。近代以来，中国的社会性质发生变化，此时社会中的财富绝大多数是由不从事劳动的不生利者所占有，而由于分利者大量存在，从事劳动的生利者仅占有很少部分的财富，②并且在社会中既受到排挤，又处于绝对贫困的状态，没有任何的话语权，这部分人民处于水深火热之中。基于这种背景，中国有识之士以实现"民族复兴、国家富强"为梦想，开始寻找中国现代化的道路。维新运动代表人物康有为虽然提出了"无邦国，无帝王，人人平等，天下为公"的社会理想，③但由于资产阶级改良派自身的局限性，维

---

① 范文澜. 中国近代史：上册 [M]. 北京：人民出版社，1947：122–123.

② 孙浩进. 中国近代财富分配思想论析 [J]. 中州学刊，2014（4）：144–147.

③ 康有为. 大同书 [M]. 上海：上海古籍出版社，2009：1.

新运动也只是昙花一现，仅持续了 103 天，就因为戊戌政变而宣告失败，但其推进中华民族思想解放的意义却不容置疑。众多有识之士深刻认识到清政府在危机、问题面前的疑虑、犹豫和无能，辛亥革命就在此背景下应运而生并取得胜利。辛亥革命后，孙中山先生在传统儒学和现代西学理论的影响下，创新和发展了"三民主义"学说，将民主主义看作"大同"主义，紧随世界潮流提出构建利益共享、政治共管、国家共有的大同世界。[①] 然而辛亥革命却未能如民族资产阶级所愿，真正实现民族复兴，当时民族资产阶级采取了维护短期既得利益的狭隘的现实政治模式，但实际上这种既得利益在一定时候是必须被拒绝的，因为这种短期的既得利益会威胁最终目标的实现，而最终目标的实现才是真正重要的成果。最终目标的确定也是为了避免在理想的现实政治和真实内容的意识形态双双缺失的情况下，革命阶级和政党的策略摇摆不定。正是由于这种革命经验的缺乏，民族资产阶级才表现出软弱性和妥协性的特征，其所设想的共同富裕也就成为不切实际的空想。

四、"天下共富"：发展构想的科学实践

俄国十月革命胜利的消息传入中国后，五四运动的爆发使中国进入了新民主主义革命时期，中国无产阶级从此登上历史舞台。马克思关于共同富裕的论述，一定程度上提炼自黑格尔逻辑学中的概念范畴，超验的目标成为内在目标，共同富裕融合了目标本身和实现的途径。共同富裕的实现并非以达成或超越"共同富裕"体现这一目标的重要意义，而是共振于历史逻辑，是对社会主义社会的一种时代阐述。正是目标和手段之间的共体性，使得策略与目标之间存在无法界定的部分，这意味着不可能预知策

---

① 薛虹，葛雨薇．共享发展理念对天下大同思想的继承与发展 [J]. 江苏工程职业技术学院学报，2019，19（3）：44-47.

略的步骤是否真的会通向目标。因而基于对不同时期经济社会关系的动态评估，中国共产党以革命实践奠定了正确实现共同富裕的前提条件，探索出实现社会主义共同富裕的现实路径。在中国共产党成立之初，李大钊同志就将"社会主义"定义为每个人都可以享受平均的供给，得到最大的幸福，① 共同富裕被确认为共产主义实现的前提。同时，党中央领导集体一再强调阶级和私有制是必须消灭的。②

中华人民共和国成立初期，巩固人民政权、恢复国民经济成为当时中国的主要任务，而当时的党中央领导集体也已经关注到共同富裕问题，并逐步进行了社会主义改造，领导中国人民向共同富裕迈进。③ 与此同时，党提出的"既要反对平均主义，也要反对过分悬殊"，为共同富裕提供了重要指引。④ 改革开放以后，党中央领导集体围绕社会主义本质这一重大命题重新进行思考，深化对共同富裕的认识，提出走中国特色社会主义共同富裕道路。共同富裕作为一项具体的奋斗目标被提出，并被上升到社会主义本质的高度。随着中国特色社会主义进入新时代，中国共产党在共同富裕原有的理论与实践基础上，基于新的时代背景，推动共同富裕的理论与实践发展进入新的阶段，全心全意保障全体人民过上幸福美好的生活。从伦理学的角度来看，人类社会从奴隶社会发展到社会主义社会，在追求共同富裕的过程中，能够实现共同富裕的策略被视为是符合伦理的。马克思主义对财富分配的论述，承认了黑格尔价值范畴之外的"价值"，且未

---

① 中国李大钊研究会. 李大钊全集：第 4 卷 [M]. 北京：人民出版社，2006：196.

② 谢小飞，吴家华. 中国共产党追求共同富裕的百年历程与启示 [J]. 西南民族大学学报（人文社会科学版），2021，42（7）：53-58.

③ 翟绍果. 从民生之制到民生善治：中国共产党民生治理的百年征程 [J]. 人民论坛·学术前沿，2021（19）：21-29.

④ 田克勤，张林. 中国共产党为实现全体人民共同富裕的百年奋斗 [J]. 思想理论教育导刊，2021（6）：35-43.

提及推崇所谓正确的"价值",故正确目标即为伦理。而忽视这一点的阶级或个人,所注意的是自身所作所为或想要得到的事物在客观上是否正确,而这些关注点只能存在于个体的语境中,一旦跨越个体的范畴,就毫无意义可言。因此,无论是奴隶主阶级、地主阶级,还是资产阶级,这些阶层所关注的都是在实现"天下大同"等价值时,行为是否符合道义,而并不考虑其思想、行动能否真正实现其价值预设。只有无产阶级,才是将所思所为是否真的指向共同富裕作为衡量其行动正确与否的阶级;同时,也只有无产阶级试图通过跨越阶级的全体动员实现共同富裕,即通过集体行动的策略全面实现共同富裕。

"天下大同"是古人对公正、民主、富裕、和谐的最朴素的渴求,其"以民为本""公有"的思想实质也一直深深影响着后人,这些思想会在后人探索理想社会制度时给予重要启迪,成为共同富裕思想的萌芽。然而,当时的"天下大同"只是关于未来社会的描述,并没有提出实现"大同"的具体路径,且囿于当时物质条件极度匮乏的社会环境,"天下大同"只能是古人的美好理想,无法付诸实践。而马克思主义思想则重视对共同富裕的内涵进行深挖,不仅科学阐释了生产力与生产关系等概念,提出要消灭私有制,同时还讨论了共同富裕的实现过程,即渐进式发展的共同富裕。中国共产党正是基于对"天下大同"思想的批判性继承,在马克思主义关于共同富裕思想的科学论述和指导下,提出了一条行之有效的具有中国特色的共同富裕之路,以期分阶段实现全体人民精神和物质的双重富裕,实现"天下共富"。

第二节 共同富裕的理论演进:从个体独享到社会共享

共同富裕是关于社会发展与财富共享的具备中国传统文化底蕴的观

念表达，其最终指向是社会发展成果得以被全体人民共享，[1] 因而共同富裕只有在社会发展与财富共享理念的指引下，基于基本经济制度改革，才能得以实现。坚持社会发展和财富共享理念，能够使人民群众的劳动积极性、创造性得到充分的调动，从而做大、分好社会财富蛋糕，为全面实现共同富裕创造基本条件。共同富裕的理论应是基于需求与财富互动的视角，从最初的个体独享，逐渐演变为家族分享，直至通过社会共享推进共同富裕的新征程。

一、个体独享：个人生存的基础

人类社会生产力的极其低下是远古时期的重要表征，个体赖以生存的物质生活条件根本无法得到保障。在这样的历史背景下，远古人民仅依靠个人劳动获得基本生存资料，满足生存需求，如采蔬、打猎、捕鱼等方式，此时，远古人民获得的就是独享的财富。正如亚当·斯密所言，原始社会状态下，土地尚未私有，资本也没有累积，劳动者能够拥有劳动的全部生产物，这种形态下，不会出现地主或雇主分享财富。[2] 此时的劳动者所创造的财富为劳动者所"独享"，"独享"是以个体为基本单位，独自享受或享用，这种财富以个人为单位，具有排他性，属于低层次的财富，只能作为个人生存的基础。远古先民通过自己的劳动，生产出物质资料，却因为当时社会生产力水平的低下，这些物质资料仅能满足其自身的需求，并不能产生任何剩余的物质资料，因而这一时期也就不存在任何赖以"分享"的财富积累。这一阶段的劳动者处于"受自己理性所控制"的状态，除了将自身利益价值最大化之外，不存在任何是非曲直，这也致使远古人类陷入暴力和死亡的威胁之中。毫无疑问，这样的状态无论是从内涵

---

[1]　苗瑞丹.论马克思恩格斯发展成果由人民共享思想及其现实启示[J].求实，2013（7）：8-12.

[2]　孙浩进.西方收入分配理论的扬弃：兼论对中国收入分配改革的启示[J].学术交流，2008（10）：47-51.

还是从外延而言，均未出现有关共同富裕的指向。

二、家族分享：家族兴盛的基石

在人类历史不断发展的进程中，当某一历史阶段的社会生产力水平有所提高，该时期的劳动人民通过劳动所获得的财富，不仅能够满足自身的需求，还能剩余部分生产物，以解决家庭甚至是其他人的需求，"分享型"财富基础也就随之诞生。在文明社会出现初期，家庭规模较小，此时所产生的分享型财富就表现为家庭成员的互助。进入传统社会后，基于中国传统人际关系的差序格局，表明不同个体彼此交往的方式和标准，取决于个体相互之间的亲疏远近，[1] 从内环个人的独享逐渐向内环家庭的分享演变，进而延伸到最外层的社会共享，即以互惠为原则的社会交换。在中国传统文化的深远影响下，父母与子女之间分别承担养育和赡养的责任与义务，造就了"反哺式"的财富分享模式，尤其是宋代以来，在这种财富分享的基础上，一些大宗族和一定区域内的同姓组织，甚至还发展出了族田、义庄等巩固家族财富的分享模式。这种家族式的分享可以用于调节家族内部的贫富差距，成为家族整体兴旺的基石。随后，以地缘因素为主导，邻近的不同家族逐渐凝结成为比、伍等社会单位，乡约之间的互帮互助开始出现，形成了分享型财富的集体文化背景。

三、社会共享：社会共富的基本

在传统家族情怀的影响下，我国古代时期部分国人的恻隐之心、人道之情只针对与自己亲近的人，而在陌生人面前常常表现出近乎冷漠的反应，这种"看客心理"正是因为公共美德和公共精神的缺失，[2] 这也使得

---

[1] 阎云翔. 差序格局与中国文化的等级观 [J]. 社会学研究，2006（4）：201-213，245-246.

[2] 许燕. 看客心理特征辨析 [J]. 人民论坛，2014（25）：32-34.

财富的"分享"直到近现代才走向"共享"。近代以来，我国资产阶级在辛亥革命取得胜利后登上历史舞台，民主共和观念开始广泛传播，但由于当时中国受到的压迫颇深，民众教育水平落后，因此民主意识尚在萌芽阶段。而"共享"意味着共同拥有、共同享用，其建立在公有制的基础上，使人民获得民主权利，并从根本上保障生存权。因此，在以私有制为主体的资本主义社会里，资产阶级并不能与人民分享，甚至也无法共享自己创造的财富，并且即使存在分享，这种分享也是有客观条件的，因而资产阶级所谓的"共享性"实质上是不切实际的幻想。而产生于大工业时期、从事劳动的无产阶级，则不存在这类条件，与资产阶级通过剥削、压迫的形式实现的狭隘的财富"分享"或"共享"不同，无产阶级所要达到的目标是所有人的共同富裕，即不断解放和发展生产力，从而使通过劳动创造的财富得以被所有人共享。中华人民共和国成立后颁布的第一部宪法（"五四宪法"）就在法律和制度层面保障了中国国民的公民地位和民主意识，[1] 极大地推动了社会的发展和进步，使社会财富从"分享"逐步过渡到"共享"，成为社会共富的基石。共同富裕正是建立在共享的基础上，以共享为核心，逐渐惠及全民、全面发展，最终实现物质财富与精神财富的全面富裕。

第三节　中国共产党共同富裕思想来源

一、马克思恩格斯有关共同富裕的思想

在以私有制为基础的阶级社会，共同富裕只是民众不可实现的梦想。当人类社会发展进入资本主义社会阶段，就如同马克思、恩格斯所指出

---

[1]　周凯. 百年回眸：中国共产党领导的第一个新型农民组织 [J]. 浙江档案，2021（7）：17-18.

的："资产阶级在它的不到一百年的阶级统治中所创造的生产力，比过去一切世代创造的全部生产力还要多，还要大。"[①]资本主义创造了巨大生产力，但是也带来了人类历史上前所未有、更加严重的贫富分化，无产阶级人民的生活举步维艰。以托马斯·莫尔（Thomas More）、托马斯·康帕内拉（Tommas Campanella）、克劳德·昂利·圣西门（Claude-HenriSaint-Simon）和查尔斯·傅立叶（Charles Fourier）等空想社会主义者为代表的、追求人类进步发展的思想家，设想实现没有剥削、没有压迫、没有贫富分化的社会愿景。对于"共同富裕"这个概念，马克思并没有给出一个非常明确的定义，但是对于"共产主义"却给出了科学的设想和阐述，那就是发展生产力、实现生产关系变革，推动无产阶级实现普遍的富裕。生产力的发展过程，也是历史的发展过程，这种表现为普遍富裕的"共同富裕"的实现，势必要走过一段十分漫长的现实道路，其中也势必会有曲折和反复。马克思、恩格斯在其经典理论中，设想了共产主义社会和以工业化为主导的现代化的发展愿景，蕴含共同富裕的理论和观念——生产力高度发展是实现共同富裕的基础，无产阶级专政的社会主义制度是实现共同富裕的基本制度保障，实现人的自由发展、社会的全面进步是践行共同富裕的实践主旨。首先，所有人的共同富裕是共产主义的应有之义。马克思认为，所有人参加生产的目的就是让所有人富起来，并且参加生产的人的可支配时间比以前要多。[②]其次，提高生产力是推进共同富裕的条件，也是实现人的全面发展的基础。马克思认为，人们需要参加社会生产，这样可以保证人们的物质生活一天比一天好，同时还可以让人们的智力得到锻炼，体力得到发展。[③]只有生产力水平发展到一定的程度，才有能力满足

---

① 马克思，恩格斯.共产党宣言 [M].北京：人民出版社，2015.

② 马克思，恩格斯.马克思恩格斯文集：第 8 卷 [M].中共中央马克思恩格斯列宁斯大林著作编译局，译.北京：人民出版社，2009：200.

③ 马克思，恩格斯.马克思恩格斯选集：第 3 卷 [M].中共中央马克思恩格斯列宁斯大林著作编译局，译.北京：人民出版社，1995：86.

社会成员的日常需求和发展需要，才能够完成共产主义社会"消除贫富差距、消除阶级差距"的要求。在生产力发展的过程中，必须遵循社会发展规律，不得脱离社会经济发展的客观性而过度追求社会经济发展的具体形式。最后，社会主义制度是实现共同富裕、实现公平分配的保障。资本主义制度的社会发展实质，是生产资料的持续私有化，变革、摧毁资本主义的社会形态，必然要扬弃生产资料私有制，建立社会主义制度基础上的公有制经济，这也是推进并最终实现共同富裕的前提保障。

马克思"共同富裕"思想的形成与发展，既与世界文明发展相连通，又与社会发展理论相衔接。马克思、恩格斯的相关思想，批判继承了空想社会主义的"社会构想蓝图"，创造了顺应历史发展潮流、揭示历史发展规律的社会发展理论、发展思想、发展观念，经过不断改造发展和实践验证，形成了马克思主义共同富裕的科学理论和思想积淀，为无产阶级革命、社会主义建设提供了方向与指南。

二、列宁在社会主义实践中对共同富裕的探索和追求

19世纪末20世纪初，马克思主义共同富裕思想进一步从理论迈入实践，体现为以理论形态付诸一国建设的实践场域。无产阶级革命家列宁不仅继承了马克思、恩格斯的相关著述和思想，而且还在理论认识和实践贯彻的基础之上，进行了更深入的探索，将"共同富裕"这一思想进一步纳入实践之中，开启了由理论走向实践的新征程。概言之，列宁相关"共同富裕"的思想著述亦十分丰富。首先，列宁指认全体社会成员作为"共同富裕"的主体，认为社会发展的目标不仅是物质上的富裕富足，还要求精神上的富裕富足。在努力推动实现群众富裕的社会主义实践过程中，列宁在《给农村贫农》中提到，每个人要团结起来去创造新的社会、美好的社会，这个社会中的人们共同做工，没有贫富，工作的成果归全体劳动者所

有。[①] 从这里可以看出，列宁认为实现共同富裕的前提就是消灭贫穷，而要想达到这一目标，就应该使物质文化得到最大程度的增长，以满足人们的需求；要保证这一目标的实现，就需要提高技术基础，促使社会主义物质文化得以完善和增长。其次，列宁进一步论述并阐释了马克思、恩格斯的理论思想：只有发展社会生产力，社会物质水平才能提高，才能促成"共同富裕"前提条件的形成；只有坚持生产资料的公有制，才能保证社会劳动成果属于全体劳动者。当社会产品丰富、人民思想水平提高、生产力发展到一定程度，社会才能向着共同富裕进发。最后，列宁指明，践行共同富裕，需要以坚实的制度为根基，因为从财富的创造性质进行审视，在社会主义条件下，无论生产抑或分配，都实行公有，资本主义社会和社会主义社会是两种全然不同的社会形态。列宁认为，工人、农民等都可以不借助掠夺的手段使生活富足，因为人民在社会主义制度下获得了财富公平的权利。[②] 社会主义发展的目的在于实现全体人民共同富裕，而资本主义则是依靠剥削劳动者的剩余价值，从而必然招致少数人富裕、绝大多数人贫穷的极端经济态势。

三、中华优秀传统文化中对平等和发展的期盼

实现共同富裕，是中国人民美好的理想愿景，也体现出我国人民的利益诉求，但封建社会生产力水平有限，安得广厦千万间、路不拾遗的共同富裕愿景在古代社会无法付诸现实。封建统治者把安民、济民视为施舍，以此维系统治、安抚社会，标榜君王所谓"仁德""内圣外王"的统治策略。但不应否认，百姓富足一直以来都是我国古代社会统治者治世治民的目标，其中蕴含着深厚的民生哲思和政治智慧。以儒家孔孟的思想

---

① 列宁.列宁选集：第1卷[M].中共中央马克思恩格斯列宁斯大林著作编译局，译.北京：人民出版社，1960：391.

② 列宁.列宁全集：第35卷[M].中共中央马克思恩格斯列宁斯大林著作编译局，译.北京：人民出版社，1987：470.

主张为例，《论语·雍也》提到："博施于民而能济众。"《论语·尧曰》提到："因民之利而利之。"战国时期的著名哲学家孟子强调"制民之产"的重要性，主张因势利导，提出"民之为道也，有恒产者有恒心，无恒产者无恒心"，阐明百姓生活殷实，是稳固社会民生、维系社稷安定的重中之重。管仲认为，使老百姓先富起来是治国的根本途径，强调国富需要惠及全民。① 然而，封建统治者的愿景有其局限性，他们不会真正把百姓富足作为施政之本，而是将其视作治世之手段。即便如此，这种思想依然对后世产生了很重要的影响。受到古代"大同"思想之启发，近代许多有为志士不断追求实现国家富强、百姓富足的盛世图景。19 世纪末，资产阶级维新派人士康有为糅合了"公羊三世说"、《礼记·礼运》中的"大同""小康"思想和近代西方资本主义的民主制、议会制学说，撰著《大同书》。在这本书中，康有为干练精要地阐述了其社会思想，认为如果农民未能"大同"，那么就无法保证田地均产，进而社会上就会有饥民存在；如果工人未能"大同"，那么就会导致工人夺政、雇主矛盾等出现，国家社稷就会乱成一片。② 由此，康有为认可了近代西方资本主义在经济上实行大机器生产、在政治上标榜"民主自由"的些许优点。

第四节　共同富裕的概念释义

我国在全面建成小康社会之后，将促进共同富裕作为下一阶段重点要完成的任务。中国共产党对共同富裕已经进行了前所未有的理论创新和实践探索，使共同富裕目标的实现有了坚实的基础。2020 年 10 月，党的十九届五中全会首次将"全体人民共同富裕取得更为明显的实质性进展"③

① 李元燕，李文娟.管子 [M].广州：广州出版社，2001.

② 康有为.大同书 [M].北京：中国人民大学出版社，2010：92.

③ 中共中央关于制定国民经济和社会发展第十四个五年规划和二〇三五年远景目标的建议 [N].人民日报，2020-11-04（1）.

作为远景目标列入党的全会文件，共同富裕成为继续推动中国人民不懈奋斗的动力源泉。作为我国社会保障事业高质量发展的探索者、研究者，应该深刻认识共同富裕的内涵及特征，深入分析共同富裕的理论逻辑和现实基础，探寻推动共同富裕目标实现的具体路径。

一、共同富裕的多维解读

从不同维度来看，共同富裕有不同的含义。共同富裕首先具有明确的价值属性，是由一系列概念组成的价值体系，与公平、正义、平等、富裕等价值理念紧密联系在一起。共同富裕还是一个实实在在的经济发展目标，建立在丰富的物质财富基础之上，表现为人民生活水平整体提高到一个新的层次。共同富裕目标不仅仅指经济发展水平提高到一定程度，它还是一种体现着包括经济发展水平在内的政治、经济、文化、社会、生态等各个方面文明进步到高层次的完整集合。更重要的是，"共同富裕是社会主义的本质要求，是中国式现代化的重要特征"。中国共产党把共同富裕和社会主义本质联系起来，赋予共同富裕新的理论内涵，实现了马克思主义共同富裕理论在中国的创新与发展。在当代中国，推动实现共同富裕已经替代全面建成小康社会，成为凝聚全国各族人民迈向新的征程的精神旗帜，正随着社会主义现代化建设事业的不断推进，逐步在中国变为现实。

共同富裕是全体人民的共同富裕，是一种对小康生活水平的超越，相比小康社会而言，走向共同富裕的社会中，物质财富更加丰富，人们收入差距不大，社会发展全面，个人的自由、全面发展有了更加坚实的保障。共同富裕强调"共同"，是指每一个社会成员的财富都达到富裕的程度，属于生产关系层面；"富裕"是指人们的物质财富丰富到可以较为随意支配的状态，这种程度相比小康水平要高，但与共产主义社会那种自由支配的状态还有一定的距离，属于生产力层面。随着中国特色社会主义实践的深入，共同富裕的内涵已经不能仅仅专指人民物质财富的增长，而是更多地与人民生活水平提高、公平正义得到彰显、民生保障健全等联系在一起。将实现共同富裕作为远景目标，是中国特色社会主义制度优越性的重要体现，表达了中国人民对于幸福生活的不懈追求，彰显了中国共产党人矢志不移的初心使命。

二、共同富裕的基本要素

共同富裕的内涵主要体现在其基本要素的构成方面。共同富裕的内涵应该包括全面、富裕、公正、共享等基本要素。"全面"是指实现共同富裕的社会，应该是全面发展的社会，其中的经济、政治、文化、社会、生态文明建设等方面，相比小康社会均有了全面的、实质性的进步。"富裕"是指社会经济发展达到高收入国家水平，人们的生活水平得到极大的提高。"公正"是指社会能够使人们的公平正义的需要得到满足，公平正义成为社会有序发展的基本准则，人们能够通过民主参与等渠道，不断改善社会的现实状态。"共享"是指社会的发展成果由全体社会成员共同享有，发展成果惠及社会中的每一个人，收入差距明显缩小。共同富裕与国家现代化之间具有同构性，但两者的侧重点不一样。前者强调社会的整体发展状态，更加强调对于社会纵向发展差距的比较。后者强调国家整体的阶段性发展，更加强调对于国与国之间横向发展差距的比较。随着共同富裕社会的建设进程，国家现代化也将成为现实。

共同富裕的实现是一个长期的、逐步实现的动态发展过程，在不同的发展阶段，构成共同富裕的诸多要素必然存在差异；处于不同的发展层次，共同富裕具有不同的时代内涵。社会主义初级阶段的共同富裕，与共产主义社会高级阶段的共同富裕有着明显的不同，由于社会主义初级阶段，人们之间的收入差别客观存在，这一阶段的共同富裕是以劳动为尺度、以按劳分配为基础的共同富裕，不是同步富裕，也不是同等富裕，人们之间的富裕程度、富裕的时间先后必然存在不同。"各尽所能、按需分配"的共产主义社会分配原则在这一阶段还难以成为现实。这是建设共同富裕社会的理论基点。所以，对于共同富裕目标的时代内涵和衡量标准，人们需要结合我国社会发展具体阶段的国情，结合我国现代化建设的具体情况进行界定。

三、共同富裕社会的主要特征 ①

总结共同富裕社会的主要特征和评价指标体系，是为了更好地理解共同富裕的基本内涵，从而为《促进共同富裕行动纲要》的制定打好基础。人们通过把共同富裕社会与小康社会和现代化社会进行比较可以发现，共同富裕社会首先是对于全面建成小康社会的升级，但共同富裕社会的评价指标体系并不能完全比照小康社会，同时共同富裕社会评价指标体系的构建与现代化社会的指标体系相比，也应该有明显的不同。共同富裕社会更加侧重经济发展成果分配的公平性，即对于发展成果的分配更加均衡，强调发展成果的共享性，要求事关百姓生活各个方面的民生福祉得到总体提升。具体来讲，共同富裕社会应该具有以下几个方面的特征。

（一）社会整体富裕程度

共同富裕社会首先应该是社会整体达到相当富裕的程度，经济发展水平很高。表现这一特征的经济指标有国内生产总值及其增长率、人均国内生产总值及其增长率、居民人均收入及其增长率等。我国 2020 年 GDP 增长率为 2.3%。今后经济要保持中高速增长状态，使我国到"十四五"末达到现行的高收入国家标准，到 2035 年人均 GDP 达到中等发达国家水平，经济总量和城乡居民人均收入迈上新的台阶，基本实现社会主义现代化。为此，我国要推动现代化经济体系建设，加快转变经济发展方式，促进经济转型升级；要把发展作为解决一切问题的关键，坚持新发展理念，提高自主创新能力，推动供给侧结构性改革，实现经济持续健康发展、高

---

① 本部分数据来自《中华人民共和国 2020 年国民经济和社会发展统计公报》，国家统计局官方网站，发布时间为 2021 年 2 月 28 日。

质量发展。

（二）公平正义的彰显程度

要想推动社会走向共同富裕，我国不仅要实现高水平的经济发展，也要实现高水平的政治发展。深入贯彻党的十九届五中全会精神相关会议强调，"实现共同富裕不仅是经济问题，而且是关系党的执政基础的重大政治问题"。共同富裕不仅需要以物质财富的极大丰富作为基础，而且需要彰显社会的公平正义。公平正义不仅是共同富裕的应有之义，而且是共同富裕社会建设顺利进行的根本保障。物质财富的丰富并不必然带来共同富裕，如果没有民主、法治、公平、正义等作为政治基础，共同富裕的进程将被既得利益者阻碍，这是有关改革发展的经验总结。党中央在对于社会财富的分配当中贯彻公平正义的原则，通过公平正义原则，保障社会财富分配的正当性与合理性，保障民生福祉的顺利实现，通过全面深化改革，重塑中国政治体制机制，从而破除既得利益者对于中国改革和发展的制约，这是包含在走向共同富裕过程中的政治逻辑。我国只有在不断推动关乎社会公平正义的政治建设进程中，才能真正实现共同富裕社会。衡量社会民主法治建设的指标有法治建设满意度、党风廉政建设满意率、每万人拥有律师数、每万人拥有社会组织数等。我国社会发展到2035年，要使人民的民主参与意识不断提高，民主法治更加健全，社会公平正义得到彰显，基本实现国家治理体系和治理能力现代化。

（三）社会整体收入公平程度

社会整体收入的公平程度直接决定共同富裕社会建设的成败，是衡量共同富裕社会建设程度的一个关键指标。收入公平指标体系包括基尼系数、城乡居民人均可支配收入之比、城乡居民收入比、地区经济发展差异系数、人口城镇化率、区域内居民人均 GDP 之差等指标。基尼系数是国际衡量居民收入差距的常用指标，在共同富裕社会，基尼系数要在下降到国际安全警戒线以下后逐步降低。我国 2020 年基尼系数降至 0.468，人口城镇化率为 60.6%，城乡居民人均可支配收入比值为 2.56，比上年缩小 0.08。为了促进共同富裕，我国要使城乡区域发展差距和居民生活水平差距显著缩小，使居民收入增长和经济增长基本同步、劳动报酬提高和劳动生产率提高基本同步，持续提高低收入群体收入，扩大中等收入群体规模，形成橄榄型收入分配格局，尽快解决地区差距、城乡差距等社会整体收入差距问题，使每位公民都可以共享社会发展的成果。

（四）社会民生保障建设的程度

为了实现全体人民共同富裕，使每个人都能分享到社会发展的成果，建设完善的、高水平的社会保障体系和基本公共服务体系至关重要。社会保障体系和基本公共服务体系是社会发展的稳定器，也是共同富裕社会的基石。这一特征涉及的指标有基本养老保险覆盖率、基本医疗保险覆盖率、失业保险覆盖率、政府最低生活保障水平、城乡居民家庭人均住房面积达标率、失业率、贫困发生率、政府保障房的建设和分配情况等。我国的社会保障体系建设取得了可喜的成绩，截至 2020 年，基本养老保险参保率为 91%，全国参加城镇职工基本养老保险人数超过 45638 万，参加城乡居民基本养老保险人数超过 54244 万，参加基本医疗保险人数超过 136101 万，失业率为 5.2%。到 2035 年，在我国共同富裕社会建设取得实质性进展的情况下，多层次的覆盖全民的社会保障体系和基本公共服务制度体系将基本建成，参保率将基本达到百分之百，实现应保尽保；我国将进一步健全基本公共服务标准体系并建立动态调整机制，教育、就业、住房、医疗等领域服务保障将达到更高水平。

（五）个人全面发展程度

共同富裕社会是能够使社会中每个人的生活水平和质量得到明显提

高、每个社会成员得以实现全面发展的社会，所以个人全面发展程度也是评价共同富裕社会建设程度的一个重要指标；这一方面的指标要求社会建设应坚持共享发展理念，在经济平稳增长的基础上，促进居民收入持续提高，使社会中每个人自由而全面发展的程度越来越高。这一特征主要由这些二级指标构成：居民人均可支配收入、居民人均消费支出、恩格尔系数、居民文化娱乐消费支出占居民消费支出比重、人均受教育年限、人均住房使用面积、人均拥有公共文化体育设施面积。中华人民共和国国家统计局数据显示，2020 年全年全国居民人均可支配收入 32189 元，实际增长 2.1%；全年全国居民人均消费支出 21210 元，比上年下降 1.6%，扣除价格因素，实际下降 4.0%；全国居民恩格尔系数为 30.2%，其中城镇为 29.2%，农村为 32.7%。在 2035 年共同富裕社会建设取得实质性进展的情况下，各项指标要朝着实现人的全面发展的方向不断变好，使人民生活更加美好，人的全面发展的需要得到满足。

第五节　共同富裕的政策演进

扎实推进共同富裕和高质量推动民生发展有着密不可分的历史逻辑，经过马克思主义中国化的三次伟大"历史性飞跃"，以民生建设推进实现共同富裕的实践探索取得了实质性进展。围绕中国共产党全国代表大会的会议文本及相关延伸文本的时序与空间轨迹，通过聚焦政策内容并借助相关分析方法，我国社会从温饱不足到小康富裕各阶段民生政策的伟大求索可以得到系统展现。因此，本书将根据政策文本中不同阶段民生领域的侧重点，辅以政策工具理论进行聚类分析，主要采用由罗斯维尔（Rothwell）和泽格费尔德（Zegveld）提出的经典政策工具，即环境型政策工具（隐性保障作用，包括目标规划、经济支持、制度建设、法治规范等）、供给型政策工具（显性推动作用，包括税收优惠、公共服务、技术支持等）和需求型政策工具（显性拉动作用，包括社会保障等）。[1]

一、计划调控阶段（1945—1977 年）：解放型民生实践逐步转向生存型民生政策

中国共产党的民生政策在人民解放、民族独立的革命斗争中得以酝酿，在强国富民的伟大征程中得以崛起。

中国共产党成立初期至中华人民共和国成立之前，面对中国处于半殖民地、半封建社会的现实危机，中国共产党致力于积极推进解放型民生保障的伟大实践，为中华人民共和国成立后，党通过全国执政方式驱动民生持续发展奠定坚实基础。主权独立是民生建设的先决条件，人们在战争年代的最大民生诉求是国家独立、民族解放、解决温饱。其中，1945—1947 年，《减租和生产是保卫解放区的两件大事》《关于清算、减租及土地问题的指示》《中国土地法大纲》等文件相继出台，致力于解决解放区人民的减租减息、土地分配和基本温饱问题，为民生之治的探索提供了前期准备。1949 年中华人民共和国成立以后，中国共产党由革命党转变为执政党，民生发展与共同富裕的紧密关系开始彰显。在 20 世纪 50 年代，党中央提出一种"更富更强"的社会主义制度建构主张，在"共同的富""共同的强"基础上，生存型民生政策开始实施与深化，"共同富裕"成为民生政策的根本目标，[2]我国逐渐摆脱了"积贫积弱"的困境，全面拉开了民生建设的序幕。这一时期的民生建设主要环境型政策以目标规划、制度建设、经济支持等环境型政策工具为支撑，民生政策的重心主要在农村。

---

[1]　Roy Rothwell, Walter Zegveld. *Reindustrialization and Technology*[M]. London: Longman Group Limited, 1985: 83–104.

[2]　中共中央关于党的百年奋斗重大成就和历史经验的决议 [N]. 人民日报，2021-11-17（1）.

1950—1952 年，国民经济得以恢复，民生不断得到改善。由于战争带来巨大损失以及全国范围内"广大的灾荒"，满足最基本的生存需要成为最为迫切的民生诉求，而恢复和发展国民经济无疑是民生政策的首要选择。1950 年，党的七届三中全会提出，三年内恢复国民经济需要创造三个条件，即"土地改革的完成；现有工商业的合理调整；国家机构所需经费的大量节减"。根据党的七届四中全会公报，1952 年全国工农业生产总值是 1949 年全国工农业生产总值的 170%，国家财政经济状况基本好转，人民的生活已有改善。[1]同时，在经济支持的基础上，民生政策开始向法治化延伸。人民当家作主的权利得到法律效力保障，劳动剥削、饥饿赤贫、地位不平等的"旧"时代一去不返。为了进一步创设良好的法治环境，实现妇女解放，推进社会保障探索，1949 年，《中国人民政治协商会议共同纲领》提出废除束缚妇女的封建制度；次年，《中华人民共和国婚姻法》（现已随《中华人民共和国民法典》的施行而废止）出台，妇女不再是"附庸品"，享有婚姻自由和平等的民主权利。1950—1951 年，《中华人民共和国土地改革法》《劳动保险条例》颁布，我国不仅解决了三亿多无地、少地农民的土地生产问题，而且开始探索社会保险制度。

1953—1977 年，这个时期是启动"五年计划"，以经济建设促进民生发展的重要时期。"五年计划"（中华人民共和国国民经济和社会发展五年规划纲要亦即"五年规划"的原称）成为中国共产党以经济建设促进民生发展的根本路径和实践特色。该时期民生政策的推行重点体现出物质保障、教育统筹、改革规范三个层面的耦合。第一，以生产保民生，有计划地实现民生经济指标。1954 年，党的七届四中全会重点讨论了第一个五年计划纲要，聚焦工业化建设，为民生建设的起步积累物质基础。党的八

---

[1] 中国共产党第七届中央委员会举行第四次全体会议的公报 [J]. 山西政报，1954（8）：1-4.

大指出，当前经济文化发展已经不能满足人民需要，① 并正式通过"二五"计划，经济建设则成为促进民生发展的重要政治路线。但这一时期的系列计划纲要在实施环节遇到了一定的困难和阻力，到"五五"计划的第一阶段（1976—1978年）国民经济并未取得实质性好转，"一九七八年人均国民生产总值不到二百五十美元"。第二，统筹教育扶贫策略，有步骤地开展多层次教育体系建设。教育是民族复兴、经济建设的重要基石，1945年，《论联合政府》一文指出："从百分之八十的人口中扫除文盲，是新中国的一项重要工作。"从"一五"计划到"三五"计划时期，全国范围内尤其是广大农村地区的扫盲识字运动系统性展开，并在四次运动高潮中取得胜利。"一五"计划重点发展了工科和理科；"二五"计划设置了半工半读、半农半读的新型教育制度；"三五"计划加大了普通教育、高等教育资助比例。这一时期我国为确保有条件的地区教育先行，力求在农村普及七年教育、在大中型城市普及十年教育。第三，以改革规范民生建设，逐步深化人的基本权利保障。首先是实现劳动者解放。"我的劳动是自由的生命表现，因此是生活的乐趣"，② 劳动者的初始权利应是劳动幸福的权利，而非无偿劳动压榨下的人权侵害。20世纪50年代，民主改革运动在西藏自治区、新疆维吾尔自治区等地迅速开展，废除了封建领主制和封建农奴制，实现了农奴的大解放。其次是特殊群体生存托底政策规范化。党的八届二中全会指出，"人民生活的改善，必须是渐进的"，共同富裕目标实现离不开托底政策支持，对特殊群体实行"五保"供养制度，推动了民生福利事业的起步。

---

① 人民出版社．中国共产党第八次全国代表大会文件 [M]．北京：人民出版社，1956：82.

② 马克思，恩格斯．马克思恩格斯全集：第42卷 [M]．中共中央马克思恩格斯列宁斯大林著作编译局，译．北京：人民出版社，1979：38.

二、多元配置阶段（1978—2002 年）：改革开放布局下，恢复型民生政策和发展型民生政策相承接

《中共中央关于党的百年奋斗重大成就和历史经验的决议》指出，"改革开放是决定当代中国前途命运的关键一招"，1978 年，党的十一届三中全会做出重大战略决策，将工作重点转移到社会主义现代化建设上，在生产发展中逐步改善人民生活，以发展、法治和公平等为主要维度加强基本民生保障。"社会主义的特点不是穷，而是富，但这种富是人民共同富裕"，大力解放、发展生产力成为改善民生的关键突破口。1985 年，全国科技工作会议指出，"社会主义的目的就是要全国人民共同富裕"，这深刻影响着民生政策动态调整的总体布局。这一时期中国的民生建设经历了从恢复型到发展型的政策转变，政策重心逐步由农村向城市转移，政策工具的选择也适应了日趋复杂多样的社会需求，呈现出多元化特征，在目标规划、制度建设、法治规范等环境型政策工具的基础上，增加了社会保障等需求型政策工具。

1978—1991 年，中国的民生政策以恢复型特征为主，打破了平均主义藩篱。这一时期中国计划经济体制开始向社会主义市场经济体制转轨，此前经济建设方面出现的发展滞缓等问题，在改革开放总体布局下得到实质性解决。1979 年，党中央召开工作会议，提出国民经济"调整、改革、整顿、提高"新八字方针，为国民经济按比例均衡发展调整设定了目标，为民生改善提供了政策依据。1981 年，党的十一届六中全会指出，"社会主义改造完成以后，我国所要解决的主要矛盾是人民日益增长的物质文化需要同落后的社会生产之间的矛盾"，为重点解决主要矛盾，这一时期我国持续关注社会需求的多样化，加快经济建设进程，这在总体上意味着中国民生事业迎来新的历史发展机遇。首先，党中央调整民生建设方针，通过保农业、增就业，兜底基本温饱需求。全体人民享有实现共同富裕的权利，这一时期，面对人口多、底子薄、贫困普遍存在的特殊国情，党中央

强调"农村不稳定，整个政治局势就不稳定，农民没有摆脱贫困，就是我国没有摆脱贫困"，因此，在1979年和1984年，《中共中央关于加快农业发展若干问题的决定》《关于开创社队企业新局面的报告》相继出台，我国不断促进农民增产、增收，着力解决10亿多人口的吃饭问题，在就业上扶持乡镇企业，一定程度上推动了农村劳动力大量过剩难题的解决。其次，我国强制性推行教育优先策略，开展"输血式"教育扶贫实践。《中华人民共和国义务教育法》（1986）在全国推行九年制义务教育政策，从法理上拉开了教育起点公平的序幕。《扫除文盲工作条例》（1988）全面攻破扫盲难题，为开展技能培训、增加居民就业率、维护社会公平夯实基础。最后，我国不断改革收入分配制度，提升人民获得感。这一时期的收入分配制度改革是中国共产党民生政策的一大创新。一方面，农村实行家庭联产承包责任制，让农民能够感受"剩余劳动"的幸福感；另一方面，城市收入分配方式将收入与劳动成果挂钩，鼓励先富带动后富。1987年，党的十三大首次提出"按劳分配"原则，在真正意义上推动了民生改善和社会公平。

1992—2002年，中国开始走向发展型民生政策阶段，全力向小康社会迈进。1992年，党的十四大正式提出建立社会主义市场经济体制的目标，经济发展新格局出现。1995年，党的十四届五中全会强调实现基本消除贫困和建成小康社会的目标，为持续改善人民生活提供了坚实的物质保障。一方面民生政策开始探索法治化路径。首先，在强教育、促就业领域，我国以法治手段突出发展的公平性。1993—1996年，《中国教育改革和发展纲要》《中华人民共和国残疾人教育条例》《中华人民共和国职业教育法》相继颁布，探索借助信息技术整合教育资源的路径，重视保障特殊群体受教育的平等权利，大力开展现代化教育。2002年，《中共中央、国务院关于进一步做好下岗失业人员再就业工作的通知》《禁止使用童工规定》陆续出台，进一步稳定就业，保障自主择业。其次，在兜底医疗和基本社会保障领域，我国以法治手段凸显社会保障力度；加大财政支持比例，在保障人民群众温饱的基础上，延展了民生基本保障范围。1993 年和 1998 年《国有企业职工待业保险规定》《国务院关于建立城镇职工基本医疗保险制度的决定》先后出台，1996 年、1999 年和 2002 年《企业职工工伤保险试行办法》《失业保险条例》《住房公积金管理条例》相继得以实施，我国初步建立起了基本社会保障体系。另一方面，收入分配制度更加规范和完善，民生政策的共享性提升。1992 年，南方谈话强调了发展的关键作用，蛋糕做大才能分享更多，而共享发展成果是全体人民的权利和意志。生产和分配的关系往往要与效率和公平的关系相协调。1993 年，党的十四届三中全会强调收入分配制度要与经济发展相适应，效率优先、兼顾公平。1997 年，党的十五大报告指出，要实行"坚持按劳分配为主体、多种分配方式并存"[①] 的分配制度，打造更加公平的分配格局。2002 年，党的十六大报告指出，确立"生产要素按贡献参与分配的原则"[②]，为劳动者创造了更多的个人收入积累。这一时期，我国社会温饱线与最低收入线持平，绝大多数人的生存权利得到基本保障。

三、协调保障阶段（2003—2011 年）："以人为本"理念下和谐型民生政策提速推进

进入 21 世纪，随着市场经济的深化，中国的民生建设向更高水平的小康社会迈进，尊重和保障人权[③] 载入宪法，民生建设效能得到飞速提

---

① 十五大报告辅导读本编写组 . 十五大报告辅导读本 [M]. 北京：人民出版社，1997：25.

② 王振川 . 中国改革开放新时期年鉴：2002 年 [M]. 北京：中国民主法制出版社，2014：926.

③ 中共中央关于党的百年奋斗重大成就和历史经验的决议 [N]. 人民日报，2021-11-17（1）.

升。相较于十年前，2011 年城乡居民人均可支配收入增长 1.8 倍，[①] 中国的民生政策转向和谐型民生政策阶段。2003 年，党的十六届三中全会首次在党的正式文件中完整地提出了科学发展观，强调"以人为本"的科学发展理念，要求实现"促进经济社会和人的全面发展"[②]的新目标。2007 年，党的十七大正式将"以人为本"的科学发展观写入党章，提出"走共同富裕道路，促进人的全面发展"。国家发展以"社会和谐"为本质属性，着力解决发展不平衡问题，并以环境型政策工具（目标规划、经济支持、法治规范）为主，兼顾供给型政策工具（税收优惠）、需求型政策工具（社会保障）。"加快推进以改善民生为重点的社会建设"成为新时期增进民生福祉的重要发展目标。

第一，我国着力解决发展不平衡问题，筑牢保障民生的物质基础。以经济建设为中心成为全面建成小康社会目标推进的核心要义。2007 年，党的十七大对小康社会建设提出新期望，重点包括发展协调性、民生全面性，夯实了经济建设过程中以人为本、和谐发展的重要基调。2008 年，党的十七届三中全会提出建立"以工促农、以城带乡"[③]长效机制，明确解决发展不均衡意味着要在保障经济总量增长的过程中增加农村公共资源供给。2006 年，《中华人民共和国农业税条例》正式废止，全面取消农业税减轻了 7 亿多农民的负担，推进了新农村建设进程。2007 年，《国务院关于在全国建立农村最低生活保障制度的通知》出台，我国全力解决农村贫困人口尤其是赤贫人口的温饱问题，使人民能够有尊严地生活。

---

① 新华社.从数据看十六大以来十年间的民生保障和改善情况 [EB/OL].（2012–08–13）[2022–04–21]. http://www.Scio.gov.cn/zhzc/8/4/Document /1202078 /1202078.htm.

② 王振川.中国改革开放新时期年鉴：2003 年 [M].北京：中国民主法制出版社，2015：904.

③ 人民出版社.中共中央关于推进农村改革发展若干重大问题的决定 [M].北京：人民出版社，2008：10.

第二，我国统筹规范多领域建设，构建更加全面的社会保障体系。2006 年，党的十六届六中全会提出，"逐步建立社会保险、社会救助、社会福利、慈善事业相衔接的覆盖城乡居民的社会保障体系"。2007 至 2008 年，《中华人民共和国劳动合同法》《中华人民共和国物权法》(现已随《中华人民共和国民法典》的施行而废止)《残疾人就业条例》《中华人民共和国就业促进法》相继出台，这些法律法规进一步促进就业，激活社会经济，保障人的平等发展权利与其他合法权益。2003 至 2009 年，《关于建立新型农村合作医疗制度的意见》《中华人民共和国残疾人保障法》《国务院关于开展新型农村社会养老保险试点的指导意见》《关于进一步完善城乡医疗救助制度的意见》等法律法规与指导意见出台，着力解决人民群众"病有所医""老有所养""弱有所助"的迫切民生需求。2010 年，《社会保险法》颁布实施，这是改善民生的标志性法律，推进了中国民生事业的法治化进程。2011 年，《国务院关于开展城镇居民社会养老保险试点的指导意见》扩大了社会保障的范畴，城乡基本社会保障体系逐渐成形，人民的生活质量显著改善。

第三，我国强化"以人为本"理念下的人权保障，完善民主决策体制。以人为本强调全心全意为人民服务，在发展中"解群众之所困"。首先，重视人民的平等受教育权。党的十七大报告强调统筹布局，在"幼有所教"的教育目标上继续发力，以科教强国和人才兴国等战略使我国在全球竞争中站稳脚跟。我国全面实施九年制义务教育，尤其是在农村开展"农科教结合"体制改革，助力经济发展和新农村建设。为促进教育资源公平配置，2006 至 2007 年，国家全部免除了农村义务教育阶段的杂费，并在贫困地区加大教育政策倾斜，不断开展"雨露计划""希望工程""高校专项""对口支援"等计划，为保障贫困地区教育公平打开了绿色通道。其次，注重保障人民的民主决策权。民生建设是社会和谐的根本所在，民主决策是化解民生难题的重要方式。党的十六大报告提出保障人民"享有广泛的权利和自由"。2006 年，《中共中央关于加强人民政协工作的意见（摘要）》指出："人民通过选举、投票行使权利和人民内部各方面在重大决策之前进行充分协商，尽可能就共同性问题取得一致意见。"① 随后，《中华人民共和国政府信息公开条例》正式出台，我国充分发挥政府信息的服务作用，② 确保人民之事由人民决策，精准掌握民意诉求，规避民生领域决策失误的风险。

四、精准覆盖阶段（2012 年至今）：逐步实现全面建成小康社会的奋斗阶段及当前发展时期中的幸福型民生政策

党的十八大以来，决战决胜脱贫攻坚、全面建成小康社会等民生建设创举被提上历史性新高度，"党中央将保障和改善民生放在优先发展地位"③。人的自由全面发展是马克思主义的崇高理想，也是中国共产党增进民生福祉的最高评价尺度。这一时期围绕"以人民为中心—扎实促进共同富裕"的伟大奋斗目标，中国共产党将民生政策聚焦于突出重点领域、补足短板弱项、兜住民生底线、精准决策施策等层面，以环境型政策工具（法治规范）、需求型政策工具（社会保障）为主，辅之以供给型政策工具（公共服务、技术支持），在兜底性惠民政策基础上推进经济与民生的均衡发展。

第一，注重民生立法顶层设计，民生领域法治化建设跨越式发展。人人有尊严的美好生活是法治国家建设的重要落脚点，新时代加强民生领域立法是保障全面依法治国的应有之义。发展和改善民生，根本要求在于"民生的法治化以及由此带来的民生规范化和常态化"④。加快民生立法

---

① 中共中央关于加强人民政协工作的意见：摘要 [N]. 人民日报，2006-03-02（1）.

② 中华人民共和国政府信息公开条例 [N]. 人民日报，2007-04-25（8）.

③ 庞晶，韩喜平. 新时代中国民生建设的理论创新与实践特色 [J]. 学习与探索，2020（10）：53-59.

④ 韩喜平，孙贺. 中国特色民生法治化的建构逻辑与路径 [J]. 中共中央党校学报，2016，20（2）：88-93.

有助于填补法律制度的空白和短板，解决好人民群众最迫切、最现实的权益问题。党的十八届四中全会指出要"推动重点领域立法"①。我国一方面修订补充法律条款，保障民生领域法治化建设与时俱进，突出解决人民群众最为迫切的民生问题，完善民生领域的法律体系；另一方面颁布新的法律，填补民生重点领域短板，充分体现民生立法的时代性和重点群体权利的保障性。《中华人民共和国民法典》的颁布与施行，对民生领域保障人的基本权利而言具有里程碑意义。党的十八大以来，中国民生领域的重点立法项目如表4-1所示。

表4-1 党的十八大以来中国民生领域的重点立法 ②

修订 / 立法	时间（年份）	法律法规
修订多部法律、多项行政法规	2013	《中华人民共和国消费者权益保护法》
	2017	《中华人民共和国红十字会法》
	2018	《中华人民共和国社会保险法》 《中华人民共和国食品安全法》 《中华人民共和国老年人权益保障法》
	2019	《社会救助暂行办法》
	2021	《中华人民共和国教育法》 《中华人民共和国种子法》
实施多部新法、多项行政法规	2015	《存款保险条例》 《不动产登记暂行条例》
	2016	《中华人民共和国反家庭暴力法》 《中华人民共和国慈善法》 《全国社会保障基金条例》
	2017	《中华人民共和国公共文化服务保障法》
	2021	《中华人民共和国民法典》

① 人民日报.学习贯彻党的十八届四中全会精神[N].人民日报，2014-10-25（2）.

② 资料来源：根据国家法律法规数据库资料整理而得。

第二，我国突出公共服务均等化，民生供给保障更加制度化。公平是民生政策制定与实施的基调和底线，党的十八届四中全会、五中全会和党的十九届四中全会多次明确指出我国将不断加强民生领域的均衡建设，让全民都能享受民生政策带来的制度化保障和服务，[①]并在全民幸福、全面发展方面持续向高质量方向发力。这一时期民生制度化建设突出了三个基本特征：发展与共享一体化、重点和覆盖均衡化、基本公共服务均等化。2013 年，党的十八届二中全会指出，"完善基本公共服务体系，加大对扶贫对象和贫困地区的扶持力度。"[②] 2017 年，党的十九大将民生目标拓展至"七有"，增加"幼有所育""弱有所扶"两项内容，兜好底线，覆盖式发展。我国不断推进收入分配制度再优化，以"橄榄型"分配格局为导向，进一步缩小贫富差距；推进公平教育制度再拓展，实现城乡、区域义务教育公共服务配置均等化；推进就业优先政策再规范，健全多层次创业、就业制度体系；推进基本医疗、养老保险及大病保险制度再覆盖，全国基本医疗保险参保率稳定在 95% 以上，[③]统筹城乡均衡发展；推进社会救助制度再完善，在城市廉租住房、经济适用住房、困难群体住房制度上持续发力，推进精准扶贫、精准脱贫、防范返贫政策。

第三，我国创新民生治理手段，数字化民生建设强力布局施策。2020 年，党的十九届五中全会提出，"改善人民生活品质，提高社会建设水平，完善共建共治共享的社会治理制度。"[④] 随着国家治理现代化进程的持续推进以及信息技术的飞速发展，中国在民生领域的治理手段迎来了新的转

---

① 关信平. 民生建设和社会政策发展及新征程中的新问题与新议题 [J]. 社会发展研究，2020，7（4）：30-43.

② 人民出版社. 中国共产党第十八届中央委员会第二次全体会议公报 [M]. 北京：人民出版社，2013：6.

③ 国家医保局. 2020 年全国医疗保障事业发展统计公报 [R/OL].（2021-06-08）[2022-01-20]. http：//www. nhsa. gov. cn/art/2021/6/8/art_7_5232. html.

④ 中共十九届五中全会在京举行 [N]. 人民日报，2020-10-30（1）.

变。截至 2021 年底，中国互联网普及率达 73%，[①] 大大提升了信息交互的时效性，为民生政策的制定、实施提供了更为全面的信息源和更为便捷的民意反馈路径。2015 年，"互联网+"行动计划全面部署，为健全民生领域智慧服务体系提供了方向标。2019 年，国家社会保险公共服务平台上线，提供了多项全国性跨地区综合服务，增进了民生福祉。国务院官网专设公共就业服务平台，实时更新全国各地就业服务动态；官方"就业在线"平台提供跨区域、跨层级的招聘求职一站式服务，保障信息共享，解决就业难题。

第六节 中国共产党追求共同富裕的百年发展历程

回溯中国共产党的百年发展历程，党着眼于不同时期的共同富裕目标进行深刻思考，对追求共同富裕开展了坚定不移的理论和实践探索，日益深化对于共同富裕的全面认识，不断优化实现共同富裕目标的方法和路径。

一、1949 年之前，中国共产党对共同富裕的"孜孜"探索

共同富裕何以能够成为广大中国人民矢志不渝的追求目标？这不仅是具有重大意义的理论议题，也是具有重要价值的实践课题。从洋务运动的"强兵富国"、太平天国运动的"人间天国"、《大同书》中描写的"大同社会"，到孙中山先生的"三民主义"，无数仁人志士对共同富裕美好目标的不懈追求，是对近代中国水深火热、民不聊生困境的出路探索，集

---

① 苏德悦.我国网民规模达 10.32 亿互联网普及率达 73%[N].人民邮电，2022-02-28（1）.

中展现了广大中国人民对解决近代中国民生凋敝和贫穷落后问题的现实探求。1921 年，中国共产党在民族和国家危亡之际诞生了，中国共产党在建立之初，针对救亡图存提出了一系列富有远见性的共同富裕理论。陈独秀同志认为，"恍然于贫富之度过差，决非社会之福"[①]，极力反对人民群众之间存在悬殊贫富差距。李大钊同志指出："社会主义不是使人尽富或皆贫，是使生产、消费、分配适合的发展。"[②] 中国共产党的一大明确提出了"废除资本主义私有制、消灭阶级"的思想，体现了中国共产党早期共同富裕的理论。1925 年，为了解放中华儿女，实现人民的统治，实现广大人民群众的经济幸福，党中央认为必须推翻始终压在广大人民头上的"三座大山"，将旧制度彻底打碎。为此，中国共产党开展了充满艰辛的革命运动。中国共产党始终高度重视人民的富裕问题，提出了新民主主义共和国要实现经济上繁荣的理论。在新民主主义革命进程中，中国共产党致力于带领人民群众改变贫穷落后的面貌。在当时的历史条件下，中国的大部分人口是农民，土地是农民开展生产活动最为重要的生产资料，实现农民的富裕急需解决土地占有不均衡的突出问题，从而破解广大农民长期生活困苦的问题。因此，中国共产党围绕土地问题的解决制定革命路线，实施了一系列契合实际的土地政策。1948 年，党中央在详细论述新民主主义革命的经济纲领时，提出没收封建地主土地归农民所有和废除封建主义土地制度的明确目标，彻底解决了广大农民因为土地占有不均衡而导致的贫困问题，极大地调动了农民投身革命的热情，有力地推进了中国革命的发展。人们基于所有制的变革和追求共同富裕之间的关系进行分析，不难发现，中国共产党开展土地革命是追求共同富裕极为重要的途径。中国共产党在推进解放区经济发展方面，主要依靠人民群众的力量改变贫困的状态。为了打破中国国民党试图扼杀革命火种的经济封锁，中国共产党创

---

① 陈独秀. 陈独秀文集：第 1 卷 [M]. 北京：人民出版社，2013：99.
② 中国李大钊研究会. 李大钊全集：第 4 卷 [M]. 北京：人民出版社，2013：246.

造性地提出了"发展经济，确保供给"的响亮口号，解放区广大军民热火朝天地参与生产运动，既让人民负担得到大幅度减轻，又有力地保障了军队的给养，发展了解放区的经济。其中，国民革命军第八路军（八路军）第三五九旅充分发挥艰苦奋斗的精神，将荒无人烟的南泥湾改造为人人称赞的"陕北好江南"，成为1949年之前追求共同富裕的成功典范。中国共产党始终坚定马克思主义立场，坚决站稳党性立场和人民立场，对共同富裕美好目标展开"孜孜"探索。

二、中华人民共和国成立初期，中国共产党对共同富裕的"赶超式"探索

中华人民共和国成立是一个重大的历史事件，中国共产党领导建立的社会主义制度为追求共同富裕目标提供了坚实的制度支撑。面对中华人民共和国成立初期千疮百孔的经济发展情况，改变贫穷落后的面貌成为追求共同富裕的重要内容。中国共产党同时进行国家政权建设和战争创伤医治，竭尽全力发展国民经济，集中一切力量破解经济发展中的突出问题。1953年，《中共中央关于发展农业生产合作社的决议》出台，指出："让广大农民逐渐摆脱贫困的生活，过上普遍繁荣和共同富裕的生活。""共同富裕"这一概念首次出现在党的正规文献之中。1955年中国共产党在《关于农业合作化问题的决议》中探索共同富裕的实现途径，指出："在广大农村要消灭个体经济制度和富农经济制度，让所有农民共同富裕起来。""党如果不主动指引农民走上社会主义道路，在农村就会发展起资本主义，就会加剧两极分化。"[①] 人们从中国共产党关于共同富裕的重要论述中能够看出，中国共产党把共同富裕作为进一步巩固工农联盟的重要因素。私有制的存在致使贫富差距日益扩大，极大地制约了共同富裕目

---

① 中共中央文献研究室.建国以来重要文献选编：第7册[M].北京：中央文献出版社，1993.

标的实现，而社会主义制度是共同富裕目标得以实现的必由之路。1956年，社会主义三大改造完成，我国公有制经济在国民经济中的比重达到了90％，为追求共同富裕夯实了制度根基。1957年《关于正确处理人民内部矛盾的问题》提出，我国要发展社会主义经济，党中央经过进一步凝练和总结在三届全国人大一次会议上提出了"四个现代化"的建设目标。中华人民共和国成立初期，追求实现共同富裕目标相关实践也深刻体现了遵循经济发展客观规律的重要性。

三、改革开放初期到 2012 年之前，中国共产党对共同富裕"先富带动后富"的探索

改革开放初期到 2012 年之前，中国共产党进一步深刻认识了社会主义与共同富裕之间的关系，阐述了社会主义的本质，认为社会主义与共同富裕之间存在十分紧密的联系，共同富裕是社会主义本质不可分割的重要因素，明确指出："贫穷不是社会主义，社会主义要消灭贫穷。""社会主义较之于资本主义的优势就在于能够让绝大多数人富裕起来，而资本主义只能实现少数人的富裕。"这里的共同富裕包含精神和物质层面的双重富足，"如果缺乏良好的社会风气与道德素质，就是现代化实现了也不是真正的好，富裕了也不是真正的富。"这些论断丰富和发展了共同富裕的科学内涵。这一时期中国共产党就怎样追求共同富裕开展了一系列探索，积极打破传统的、固有的思想窠臼，科学认识到"市场"仅仅是促进经济发展的一种手段，而不是判定社会制度的因素和准则，在探索共同富裕实现路径的过程中，打破了市场经济与社会主义制度之间长期对立的藩篱，以社会主义市场经济体制的建立，创新了共同富裕的路径。同时，制定了"先富带动后富"的社会经济发展政策，深刻认识到共同富裕不是"同步、同时、同等"的富裕，而是有差别的、有梯次的富裕。我国在广大农村率先进行了对于农业生产责任制的推广，农业生产责任制充分肯定了依靠辛

勤劳动致富的农民，"先富"的农民带动其他农民致富，极大地激发了广大农民的生产主动性和积极性；在城市，依托经济运行机制转换，促进工业发展，全面调动工人的生产积极性，不断推进共同富裕目标下的实践历程。在"两个大局"的思想指导之下，东部沿海地区优先发展起来，先富的东部沿海地区又推进中西部地区的社会经济发展。在这一进程中，国民经济得以快速发展，与此同时，为了实现协调发展。中国共产党提出了"西部大开发""中部崛起""东北振兴"等战略。为了实现广大人民的共同富裕，中国共产党进一步制定了"三步走"战略，20世纪末基本实现了前两步的战略目标。中国共产党在21世纪初期提出了符合广大人民利益的全面建成小康社会的科学发展规划。共同富裕蕴含正义、公平、平等的基因，彰显人类对美好生活和理想社会的不懈追求。中国共产党高度重视调节广大人民的收益分配，更加注重社会的公平正义，"通过科学发展持续改善人民的生活水平，不断增加人民的物质财富"。以全面协调可持续发展为核心的科学发展观，将社会和谐、可持续发展、公平正义纳入共同富裕的内涵之中。中国共产党为了破解社会发展中存在的不公平问题，不断探索保障公平正义的体制机制，确保发展成果能够惠及广大人民。为不断缩小城乡区域差距，党中央强调，充分激发城市带动农村发展的作用，调动农村促进城市发展的作用，全面推进城乡一体化发展；通过持续关注和改善民生，推进广大群众实现共同富裕。

四、新时代中国共产党目标对共同富裕"人民至上"的探索

中国共产党始终高度重视共同富裕目标，2012年，党的十八大报告阐释了"两个一百年"奋斗目标。基于全面建成小康社会，中国共产党对实现共同富裕进行了详细规划，即到2035年"人的全面发展、全体人民共同富裕取得更为明显的实质性进展"，到2050年基本实现共同富裕；与此同时，明确指出："将共同富裕的扎实推进作为'十四五'时期的核心内容，不断推动社会经济向更高阶段发展。"2017年党的十九大报告指

出："中国特色社会主义进入新时代，这是全国人民开创美好未来、团结奋斗实现共同富裕的时代。"2019 年，党的十九届四中全会强调坚持以人民为中心的发展理念，不断增加人民福祉、持续改善民生，坚定不移走共同富裕道路。2020 年党的十九届五中全会强调将共同富裕纳入"十四五"规划与 2035 年远景目标之中，在扎实推进共同富裕的过程中持续提高人民的生活品质，到 2035 年共同富裕目标要取得更加显著的进展。2021 年7 月 1 日，庆祝中国共产党成立 100 周年大会强调要共同推进人民富裕、国家强盛、中国美丽建设。2021 年 11 月，党的十九届六中全会强调："中国特色社会主义新时代是全国各族人民不断创造美好生活、逐步实现全体人民共同富裕的时代。"[1] 由此可见，中国共产党始终坚持人民至上，始终站稳人民立场，进一步将实现共同富裕的目标和途径具体化，尽最大努力满足广大人民的发展需求，使广大人民在共建共享中扎实推进共同富裕。相关政策实践集中彰显了中国共产党实现全体人民共同富裕目标的决心。

---

[1] 中共中央关于党的百年奋斗重大成就和历史经验的决议 [N]. 人民日报，2021-11-17（1）.

第五章　社会保障制度高质量发展对于共同富裕的价值理路

第一节　社会保障与共同富裕之间的关系厘定

人类文明的进步主要体现在两方面："一是财富创造能力的跃进；二是财富观念变迁及财富分配关系的调整。"[①]改革开放以来，从"先富带动后富"到"区域协调发展战略"，再到"打赢脱贫攻坚战""全面推进乡村振兴"和"浙江共同富裕示范区建设"，中国共产党不断对共同富裕社会建设的方略方法进行深化调整，充分顺应社会发展形势和广大人民群众需要，致力于提升国家发展的平衡性、协调性、可持续性和共享性，以逐步消除贫富差距，形成人人享有发展成果的合理分配格局，推动实现覆盖面的全民性、实现内容的全面性、建设主体的共建性、实现过程的渐进性、实现目标的共享性的共同富裕。在社会保障制度建设方面，我国逐步将覆盖城镇职工的社会保障项目向覆盖城乡居民的社会保障体系推进，设立新型农村养老保险和新型农村合作医疗、农村最低生活保障制度等项目，实现了社会保障项目从"补缺"到"普惠"的转变，这与"允许一部分人先富起来，先富带动后富，最终实现共同富裕"在服务人群的全民性、全面性上高度契合；在社会保障建设主体方面，我国计划经济体制下的"单位制"被打破，社会主义市场经济体制逐渐向"社会化"转变，社会保障制度建设由"国家负责、单位包办"演变为政府、企业、个人、社会组织等多元主体广泛参与，这与共同富裕追求的"共建共享"具有建设主体的一致性；在社会保障目标方面，从社会主义制度建立初期我国追求"满足人民的基本生活需求"，到现在"全面提升人民群众的获得感、幸

[①] 陈新.马克思主义财富观下的共同富裕：现实图景及实践路径：兼论对福利政治的超越[J].浙江社会科学，2021（8）：4-10，156.

福感和安全感"，呈现出制度安排公平统一、保障体系结构完整、覆盖范围应保尽保、权责匹配清晰合理、筹资机制可持续、待遇适度稳步提升、经办服务便捷规范等特征，这与共同富裕要求的"推动人的全面发展"具有价值理念的一致性。社会保障在价值理念、构建内容、主体、覆盖对象等方面呈现出与共同富裕多维一致性的契合与呼应。

一、价值理念维度

马克思指出，"无产阶级的运动是为绝大多数人谋利益的独立的运动"①，这一运动的目标就是"在保证社会劳动生产力极高度发展的同时保证人类最全面的发展"②。这充分彰显了马克思主义共同富裕思想的核心内涵和价值追求，即关注现实的人的生存、生活和发展的需要，将人民群众视为解决民生问题的根本力量，把实现人的自由全面发展视为民生的最高境界。中国共产党充分继承了马克思主义共同富裕思想的核心要义，始终把以人民为中心，改善人民生活，实现共同富裕作为执政目标。作为一种由个人权利集合而成的基于效率和公平的总体性权利，共同富裕以人民生活富裕为基准，以实现社会公平正义为根本方向，呈现出显著的阶段性和发展性，以及静态价值目标和动态发展过程的统一性。社会保障通过在全社会建立一套保障社会成员基本生活的社会安全保护体系，通过国民收入再分配，遵循互助共济原则，为社会成员提供物质帮助与劳务服务，帮助困难群体走出生活困境，为社会成员的生活发展提供基本保障。享有社会保障成为公民的一项基本权利。我国社会保障制度从建立初期的应急性制度安排逐步转化为如今的促进经济社会发展、实现人民共享改革发展成果的重要的制度安排。在此过程中，公民享受到逐步丰富的社会保障项目内

---

① 马克思，恩格斯．马克思恩格斯文集：第 2 卷 [M]．马克思恩格斯列宁斯大林著作编译局，译．北京：人民出版社，2009：42.

② 马克思，恩格斯．马克思恩格斯全集：第 19 卷 [M]．马克思恩格斯列宁斯大林著作编译局，译．北京：人民出版社，2006：130.

容和日益提升的社会保障水平，获得了全面发展机会。同时，我国借助注重公平的再分配制度和以自愿为原则的第三次分配的支持，帮助社会发展分好蛋糕，以实现社会成员共享发展成果的目标。因此，社会保障与共同富裕目标在深层逻辑上具备连贯性，二者在属性和本质上是完全契合的。

二、构建内容维度

中华人民共和国成立后尤其是改革开放以来，通过对社会保障项目内容的精细化追求和对项目类型的多样化挖掘，我国逐步形成种类丰富、层次明确的社会保障项目体系。这一体系具体包括以下内容：面向全体劳动者的养老、医疗、失业、工伤等社会保险项目；涵盖最低生活保障、特困人员供养的基本生活救助，医疗、教育、住房、就业等专项分类救助，以及临时应急救助项目；为未成年人、妇女、老年人、残疾人等特殊群体提供相应帮扶，为全体社会成员提供文化、教育等设施，致力于丰富民众精神生活的社会福利项目；针对军人及其家属的、具有褒扬和优待抚恤性质的社会优抚项目；等等。这一体系实现了不同群体、不同区域之间的共享。社会保障项目呈现多样化趋势，实现从"补缺"到"普惠"的转变，从中华人民共和国成立之初的保障民众物质生活，到如今的物质保障、精神保障、服务保障兼顾并举，这与共同富裕理论大力倡导的"促进人的全面发展"、充分保证人民群众的各项权益等理念具有根本意义上的一致性。我国通过多样化的社会保障项目，推动实现共同富裕中"全面共富"目标。

三、建设主体维度

社会保障建设实践中，单一的建设主体难以满足公众的多样化需求，而建设主体的多元化能促进社会保障体系改革创新。我国计划经济体制下的"单位制"被打破，社会主义市场经济体制逐渐向"社会化"转变，社会保障制度建设也由"国家负责、单位包办"演变为如今的政府、企业、个人、社会组织等多元主体广泛参与，这与共同富裕追求的"共建共享"具有建设主体的一致性。此外，相对于市场依据要素贡献进行的初次分配和体现国家意志的再分配，第三次分配是社会成员在道德、文化、社会观念等影响下，通过慈善事业、志愿服务等方式自觉自愿参与的社会资源和财富流动。与初次分配关注市场经济效率、再分配以强制性行政手段促进社会公平正义不同，第三次分配依靠"精神力量"，奉行"道德原则"，通过人性的温暖和友爱，促进社会资源在不同群体之间的微观均衡流动，有效弥补市场失灵和政府失灵。从建设主体所需承担的风险和责任角度出发，社会保障具有互助共济、共担风险的性质，与共同富裕理论"共建共享"的根本内容相近，符合中国式现代化新道路所追求的"人人参与、人人尽力、人人享有"的共同富裕形态。

四、覆盖对象维度

让社会发展成果公平惠及全体人民是实现共同富裕的重要目标。在我国社会面临经济、社会双重转型的新发展阶段，为应对经济结构优化、质量提升新要求，满足现代化产业发展对高质量劳动力的需求，社会保障覆盖面的扩大成为落实经济成果全民共享的主抓手。中共中央政治局第二十八次集体学习会议强调，"完善覆盖全民的社会保障体系，促进社会保障事业高质量发展、可持续发展"，让改革发展成果更多惠及全体人民。2016年，国际社会保障协会将"社会保障杰出成就奖"授予中国政府，以表彰中国政府在扩大社会保障覆盖面上做出的努力。截至2020年底，我国参加基本养老保险人数达9.99亿，基本医疗保险参保人数达13.6亿，生育、工伤等各种社保项目覆盖人数不断增长，到2021年更是建成世界上规模最大的社会保障体系。这与共同富裕中"全民共富"的价值意蕴十分契合，不是只有特定人群和特定地区享受社会保障福利，而是全体民众共同享受社会保障项目。同时，从覆盖城镇职工的社会保障项目，到新型农村养老保险、新型农村合作医疗、农村最低生活保障制度等项目的分层分类实施，社会保障覆盖范围从城市扩展到农村，从最低保障过渡到基本保障，这与共同富裕理论中"允许一部分人先富起来，先富带动后富，最终实现共同富裕"所体现的服务人群的全民性、全面性高度契合。

第二节　内在机理：健全的社会保障体系有助于提升共同富裕的张力

社会保障是全民共享社会发展成果的基本途径，承担着再分配的重要角色，对实现共同富裕发挥着基础性支撑作用。社会保障体系改革对推动共同富裕有着重要意义，健全的、高质量的社会保障体系建设与共同富裕社会建设在价值理念、参与主体及覆盖对象等方面具有多维一致性。从社会保障制度的功能来看，健全的社会保障体系一方面通过整体制度设计与实践（如社会保险、社会救助与社会福利的有效链接）发挥对共同富裕的合力推动作用，另一方面则通过具体社会保障项目，发挥独立保障领域助推共同富裕社会建设的作用，从而使共同富裕的张力得到提升。

一、社会保障制度体系推动共同富裕

在中国社会保障事业发展过程中，社会保障主体模式经历了由"国家—单位"保障到"国家—社会"保障的转变，并逐步形成中国特色。伴随社会经济的发展，健全社会保障体系、加快推进多层次社会保障体系建设已成为当前社会保障制度改革的主要方向。健全的社会保障制度体系既强调各个制度项目的协调性（如社会保险制度、社会救助制度、社会福利制度之间的衔接和协调发展），也强调同一制度项目下不同子项目的协调发展（如养老保险、医疗保险、工伤保险、失业保险、生育保险与长期护理保险之间的协调性发展），还强调子项目内部的多层次协调发展（如针对老年人的养老保障，既需要由基本养老保险提供的基础经济支撑，也需要由养老机构等提供的基础养老服务支撑，还需要由家庭、社会等提供的补充性服务支撑等）。

健全的社会保障制度体系正是建立在保障项目设置完备性的基础上，突出保障项目的多层次性及协同性特征，由此形成制度间、项目间的合力，调整收入分配结构，实现社会发展成果共享，推动共同富裕社会建设的发展。在中国社会保障体系建设和发展过程中，社会保障制度间、项目间的合力作用虽未完全形成，但亦有着重要的现实意义。

首先，虽然目前社会保险体系还存在一定程度的碎片化问题，但仍基本实现了对全体国民养老、医疗与生育等基本保障的制度全覆盖，为实现共同富裕提供了基础性支撑。比如，在由"国家—单位"保障模式向"国家—社会"保障模式转变的过程中，中国先后建立了覆盖城镇职工与城乡居民的基本养老保险制度，覆盖城镇职工与城乡居民的基本医疗保险制度、生育保险制度，以及覆盖城镇职工的失业保险与工伤保险制度等。其次，中华人民共和国成立以来，中国社会救助制度在促进社会经济发展、缓解贫困等方面发挥了重要作用，我国逐步形成了覆盖城乡居民的社会救助体系，为实现共同富裕提供了兜底性保障的基础。再次，在社会福利制度建设方面，中国建立了覆盖妇女、儿童、老年人、残疾人等特定群体的基础性福利项目，以及面向全体国民的基本公共福利项目等，为提升共同富裕张力提供了重要的福利支撑。最后，在补充保障方面，与社会保险体系改革同步，中国补充保障制度（如补充医疗保险、企业年金与职业年金、社区居家养老服务、商业养老保险）的发展也取得了较大进步，为共同富裕的实现提供了有利环境。

二、社会保险制度体系支撑共同富裕

社会保险是社会保障体系的核心。社会保险制度遵循"互助共济、共担风险"的基本原则，具有再分配功能，其目标是保证物质及劳动力的再生产和社会的稳定。中国社会保险项目主要包括基本养老保险、基本医疗保险、生育保险、工伤保险及失业保险。社会保险作为重要的再分配制度安排，在看病、养老和就业等方面为普通个体、弱势群体提供基础生活保障，有效缓解疾病、年老、失业等产生的经济风险，因而是实现共同富裕的重要手段之一。从当前中国社会保险制度实践来看，社会保险制度为弱势群体提供基本生活保障，能够通过"互助共济"功能有效化解弱势群体可能面临的风险，通过齐全的项目设计满足弱势群体的不同风险保障需求，从而在追求共同富裕目标的探索过程中发挥支撑作用。

三、社会保险强调基本生活保障

社会保险强调基本生活保障，即满足保障对象的基本生活。例如，当年老、失业等社会风险发生后，个体或家庭面临暂时性或长期性收入丧失的风险，基本养老保险与失业保险两类险种可通过待遇给付，提供一定水平的收入保障，以满足个体养老基本需求或家庭基础性生活保障需求。

中国的基本养老保险制度主要包括城乡居民基本养老保险与城镇职工基本养老保险。城乡居民基本养老保险实行自愿参保原则，由个人缴费、集体补助与政府补贴共同形成基金；城镇职工基本养老保险实行强制征缴原则，由单位与职工共同承担缴费责任。城镇职工基本养老金水平由个人累计缴费年限、缴费工资、当地职工平均工资、个人账户金额、城镇人口平均预期寿命等因素确定；城乡居民养老保险待遇由基础养老金和个人账户养老金构成。基本养老保险制度设计为中国老年人提供了年老或退休后的基本生活保障，同时配套基本养老金正常调整机制，使老年人能够共享社会发展成果。截至 2020 年底，中国基本养老保险制度中参加养老保险的离退休职工人数达到了 1.28 亿，城乡居民基本养老保险享受待遇人数达到了 1.61 亿。

失业保险指在国家立法强制实施下为丧失劳动能力、暂时失去劳动岗位或由于健康原因遭受损失的人口提供收入或补偿的一种社会和经济制度。在制度方面，中国失业保险主要覆盖企业职工，通过单位和职工共同缴费形成基金。根据《社会保险法》的规定，失业保险金的标准不得低于城市居民最低生活保障标准。失业保险制度为满足领取条件的失业人员提供失业保险金，以帮助失业人员及其家庭维持基本生活。

四、社会保险通过"互助共济"化解社会风险

"互助共济"是社会保险的主要原则之一，指在统筹范围内实现社会保险基金的融通使用，从而实现共济保障。例如，根据职工基本医疗保险的待遇支付规定，参保职工在定点医疗机构的政策范围内的医疗费用，由统筹基金按比例报销。社会保险"互助共济"原则为实现共同富裕提供了可靠基础，在中国社会保险体系建设过程中，"互助共济"始终是重要实施原则，具体可以体现在不同社会保险项目的待遇给付设置方面。例如，我国基本养老保险实施"个人账户＋社会统筹"的待遇给付方式。其中，社会统筹是指社会保险基金在统筹范围内由税务部门统一征收、由社会保险经办机构依法统一管理，在属地范围内被统一调剂使用，其本质上就是"互助共济"。养老基金的共济使用原则可有效化解老年人的养老风险。再如，我国城镇职工基本医疗保险也实行了"个人账户＋社会统筹"的待遇给付方式。基本医疗保险待遇给付方式将激励个体缴费积极性的"个人账户"与体现"互助共济"原则的"社会统筹账户"相结合，为患者提供基本医疗费用补偿，减轻由疾病造成的家庭医疗费用支出压力，从而实现基本健康保障。生育保险也遵循"互助共济"基本理念，即由社会共同承担女性生育风险，缴费完全由单位负担，以化解女性在生育期间可能面临的风险。生育保险是对女性生育的保护，也是对劳动力恢复和再生产的保护，符合共建共享的目标，对实现共同富裕也有重要的现实意义。

五、齐全的社会保险项目满足居民多样化需求

由于社会化生产的快速推进，以及人们生产生活方式的变化，年老、疾病、失业、残疾、失能等风险日益引发人们的自觉重视，居民多样化的

社会保险需求随之产生。多年来，中国逐步形成了以基本养老保险与基本医疗保险为主体，生育保险、工伤保险及失业保险同步发展，长期护理保险政策配套试点的社会保险体系结构。从整体制度设计来看，我国社会保险体系包含较为齐全的社会保险项目。每个社会保险项目都有各自的服务范围或制度边界，且社会保险项目彼此之间存在联系，如基本养老保险主要是对老年人基本生活提供资金保障，老年人参保的居民基本医疗保险则是对由疾病产生的医疗费用进行补偿，二者互为补充。所有社会保险项目可形成合力，为处于不同人生阶段、不同境遇下的居民提供基本生活保障，满足居民的多样化的需求，为实现共同富裕提供重要支撑。

六、社会救助制度体系兜底共同富裕

缓解贫困乃至消除贫困是实现共同富裕的基本要求。社会救助制度是国家反贫困治理体系的基础性制度安排，是社会保障体系的重要组成部分，具有保障基本民生、促进社会公平、维护社会稳定的重要作用。社会救助可以为生活困难的弱势群体提供直接的资金支持和服务帮扶，以保障弱势群体的基本的生存权利。社会救助具有典型的社会收入再分配特征，强调享受权利与承担义务非对等性，能使弱势群体共享社会发展成果。中国社会救助制度经过多年发展，形成了一套以"兜底"保障为核心理念的多层次社会救助体系，为调节收入分配、缩小收入差距、实现共同富裕奠定了坚实基础。

（一）社会救助强调"兜底"保障

社会救助制度作为保民生、促公平的托底性、基础性制度安排，以民生需求为主要导向。首先，社会救助以"兜底"为核心实施全民保障。在救助对象的范围上，社会救助注重全覆盖与重点帮扶相统一。例如，最低生活保障制度在对低保家庭进行救助的同时，也会对遭遇突发性、临时性生活困难的家庭进行重点帮扶和救助，以保障其基本生活需求。在救助标准上，社会救助遵循"兜底"保障原则，救助水平与地区经济发展水平相适应。其次，社会救助在社会保障体系中处于兜底层次，是国家治理的重要工具。中国社会保障体系建设的主要特点是确立了与社会主义市场经济发展相适应的体系框架，即形成了以社会保险、社会救助与社会福利为主体，补充保障协同发展的社会保障体系。社会救助作为社会保障体系的重要组成部分，承担保障生活困难的弱势群体基本生活的任务，发挥维护社会稳定的兜底功能。在我国社会迈向共同富裕的过程中，社会救助的重要性会不断加强。

（二）社会救助体系具有多层次性

由于致贫因素具有多维性，我国社会救助体系也呈现多层次性，从而为保障各类弱势群体的基本生活提供兜底支撑。第一，社会救助的保障内容具有多层次性。我国社会救助体系主要由最低生活保障、特困人员供养、受灾人员救助、医疗救助、教育救助、住房救助、就业救助及临时救助构成。其中，最低生活保障项目与特困人员供养项目是以解决贫困弱势群体的基本生活困难为导向；医疗救助、住房救助、教育救助等专项救助以解除弱势群体某一方面的生活困境为导向；临时性救助则以缓解由突发性灾难导致的贫困为导向。第二，社会救助保障方式多样化。例如，对于没有劳动能力的救助对象，社会救助为其提供长期性、综合性的基本生活保障，使这部分困难群体生计有保障、发展有计划、自立能力有提高；针对法定年龄范围内有劳动能力的救助对象，社会救助为其提供暂时性、过渡性基本生活保障，同时通过相关政策激励其主动接受培训和努力就业，并对其收入水平进行定期评估确认，使其能够自食其力。

（三）"弱有所扶"社会救助体系转型

社会救助主要以消除绝对贫困为核心目标，关注弱势群体的生存需求保障。2017年党的十九大报告明确提出，"坚持在发展中保障和改善民生。增进民生福祉是发展的根本目的。必须多谋民生之利、多解民生之忧，在发展中补齐民生短板、促进社会公平正义，在幼有所育、学有所教、劳有所得、病有所医、老有所养、住有所居、弱有所扶上不断取得新进展。"相较于之前党中央文件有关民生保障内容的表述，党的十九大报告的民生保障内容中新增了"弱有所扶"，其既是社会救助新时期发展的重要内容之一，也是推动实现共同富裕的必要政策之一。此外，在脱贫攻坚战取得全面胜利的背景下，社会救助对象向低收入人群拓展、救助目标和标准提升等新趋势，均体现出社会救助作为促进共同富裕的基础性和兜底性制度的重要性。"弱有所扶"的提出适应我国脱贫攻坚战取得全面胜利的现实，将反贫困的目标对象从绝对贫困群体转向更大规模的相对贫困群体，不仅扩大了保障和改善民生的范围，而且全面促进了中国反贫困目标的提升，同时顺应了"提低扩中"的收入再分配改革的内在要求。

七、社会福利体系提升共同富裕张力

社会福利体系是由提升国民生活质量的若干举措或手段构成的"福利整体"，是社会福利的结构性组合，具有重要的再分配功能，也是提升共同富裕张力的重要内容。社会福利不仅是关乎民生、维护社会公平正义、促进社会发展的重要制度安排，还是社会管理与社会建设中不可或缺的重要内容。社会福利包含若干具有利他性与福利性特征的制度性、专业性、服务性项目，能够为人民的物质生活带来保障，为人民的精神生活带来慰藉。

（一）社会福利的本质是提升人民生活质量

从社会福利的本质来看，社会福利的本质包括基本生活保障、生活水平改善和生活质量提高，以及生活状况满意程度提升三个方面。第一，社会福利通过为弱势群体提供资金、物资帮扶，保障弱势群体的基本生活；第二，社会福利是在保障民众基本生活的基础上，通过普惠型福利项目，不断提高民众的生活水平，改善民众的生活质量；第三，生活状况的满意程度是考量社会福利体系建设完备性及实施效果的重要参照指标，社会福利通过基本生活保障和生活质量改善等方面，促进民众生活满意度提升，进而增加民众的幸福感。其中，提升民众生活质量既是社会福利体系建设的本质追求，也是衡量社会福利水平优良程度和社会福利项目实施有效性的重要指标。

（二）社会福利体系与共同富裕具有内在一致性

社会福利体系具有广义与狭义之分：广义的社会福利体系是指整个社会保障体系；狭义的社会福利体系则是指为特殊人群提供的社会福利总和，其中包括老年人福利、残疾人福利等。社会福利主要通过以下几个方面促进共同富裕目标的实现。首先，社会福利以保障人民基本生活、提升人民生活质量为基本理念，不同社会福利项目组成有机整体，对人民生活水平与生活质量起到提升作用。其次，社会福利本质上具有追求社会平等与公正的内在特征，通过制度、政策等多元化的途径，为社会成员提供平等的机遇，使社会成员可以共享社会发展成果。再次，社会福利的覆盖对象具有全民性特征，即通过普惠性的社会福利体系建设、专业化的社会服务供给，满足每一位公民的较高层次的生活保障需求，为全体社会成员共享社会发展成果提供制度均等性保障。最后，社会福利具有典型的非功利性与服务性特征，社会福利的基本目标是在坚持"利他主义"的价值取向下，为社会成员提供各类非营利性、非功利性的社会工作、社会服务等保障，社会福利体系与共同富裕的内在理念具有主观一致性。

八、补充性保障发展促进共同富裕

实现共同富裕并不是强调平均主义，也不是对社会财富进行简单划一的分配，人们需要深刻认识共同富裕中的差别化保障存在的必要性。从理论上来讲，共同富裕是全体人民普遍富裕基础之上的差别富裕，而适宜的补充性保障则能够顺应这种差别，并增强社会成员创业创新的内在动力。补充性保障与共同富裕存在协同的关系。

（一）共同富裕需要补充性保障

社会保障可以划分为基本保障与补充性保障两类：基本保障旨在保障全体社会成员的基本生活需要，如基本养老保险、基本医疗保险；补充性保障则是由社会成员（特别是中高收入群体）依据自身风险或偏好参与的选择性保障项目，如商业性养老保险、补充医疗保险。实现共同富裕目标后的社会不仅需要为广大人民提供基础性的社会保障，满足人民的基本生活需求，也需要允许差别化的补充性保障存在，以满足一些社会成员更高层次的保障需求。同时，在实现共同富裕的过程中，社会需要给予创业创新者更高的收入、更好的风险保障、更稳定的心理预期，以提升创业创新群体的社会贡献率。因此，从社会物质财富分配的角度来看，共同富裕目标的实现需要补充性保障的存在。

（二）补充性保障促进共同富裕

补充性保障区别于以社会成员的基本生存、基本发展和基本尊严为主体保障目标的基本保障，属于非基本保障。补充性保障是对于社会成员基本风险以外的风险进行针对性保障，或者是对社会成员基本风险保障水平以上的部分进行保障，进而满足部分群体更高的风险保障需求。相对于社会保障体系中的基础保障项目，补充性保障项目一方面需要个体承担较高的缴费责任，另一方面也遵循自愿参加的原则。因此，补充性保障的主要参与主体之一是中高收入人群，其为了降低自身风险，在基础保障之外，通过自费的方式选择更高水平的保障项目，以促进自身生活质量的提升。在社会保障体系不断完善的过程中，补充性保障的形式不断多样化，覆盖范围持续扩大，更多社会成员享受到了补充性保障项目，由政府主办的补充医疗保障、基本公共服务等均扩大了补充性保障的范围。补充性保障的发展不仅有益于降低中高收入群体的风险，而且有助于稳定社会经济发展，促进共同富裕的实现。

九、社会保障通过调节收入分配促进共同富裕

社会保障属于再分配环节，可以调节初次分配带来的收入差距，提高低收入人群及困难人群的收入，保证所有人不掉队，不至于因各种风险因素陷入贫困，为共同富裕夯实基础。社会保障制度对收入分配的调节作用，有助于共同富裕目标的实现，社会保障制度可以通过三方面的途径实现再分配功能。

第一，缴费，即缴纳社会保险费。我国实行社会保险制度，职工的社会保险费主要由用人单位和劳动者个人缴纳。按照《社会保险法》规定，工伤保险和生育保险个人不缴费，如表5-1所示。

表5-1 我国各项社会保险制度的筹资渠道

社会保险制度		用人单位	个人	政府（含集体等补助或补贴）
基本养老保险	职工（含机关事业单位）基本养老保险	√	√	
	城乡居民基本养老保险		√	√
基本医疗保险	职工基本医疗保险	√	√	
	城乡居民基本医疗保险		√	√
工伤保险		√		
失业保险		√	√	
生育保险		√		

注：根据《社会保险法》等社会保险法律法规政策整理。表中"√"表示需要承担缴费责任，空白表示不需承担缴费责任。

社会保险缴费是按规定的缴费基数和费率进行的，具有一定的累进性。对于职工社会保险，工资性收入越高的人群，需要缴纳的社会保险费越多。[①]对于城乡居民基本养老保险和基本医疗保险，政府（含集体缴费补贴或补助）事实上承担了类似于职工基本养老保险和职工基本医疗保险中的用人单位缴费责任，并且政府或集体对城乡居民的参保缴费补贴或补助，全部归参保者个人所有。由此，社会保险可以在一定程度上起到缩小初次收入差距的作用。

第二，在社会保险待遇水平方面，基本医疗保险的待遇与参保缴费水平无关，只与病种和就诊类型（住院、门诊或异地就医等）有关，职工基本养老保险的基础性养老金计算基数是统筹地区的上年度职工平均工资水平。我国职工基本养老保险参保人员退休后的养老金待遇如图 5-1 所示。按照政策，职工养老金包括基础养老金和个人账户养老金，中人享有过渡性养老金，部分职工享有企业年金或职业年金。基础养老金 =（社会月平均工资 + 指数化月平均工资）/2 × N（缴费月数）。

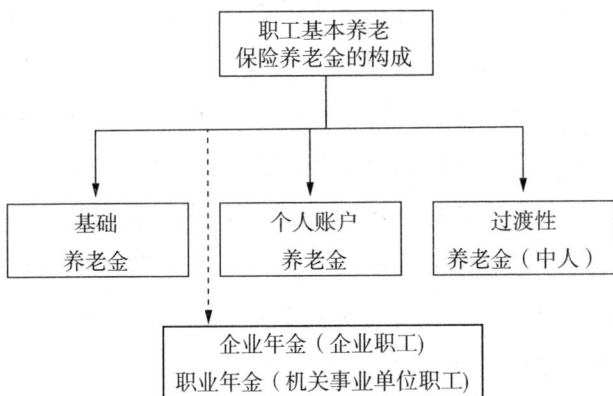

图 5-1　我国职工（含机关事业和企业）基本养老保险养老金构成图示

---

① 根据《职工基本养老保险个人账户管理暂行办法》第七条规定，本人月平均工资超过上年度当地职工平均工资300%的，按当地职工月平均工资的300%缴费。这样，事实上也防止部分初次收入较高者，将收入带入社会保险待遇（尤其是养老保险）。

城乡居民基本养老保险的基础养老金水平则基本上全国统一（各地在国家统一的基础养老金上，根据各地经济发展水平等条件有所差异），并且经济相对欠发达地区，由中央财政通过转移支付负担。因此，公共转移性收入在包括社会保险待遇在内的各种社会保障和福利上，有着很明显的体现，低收入家庭或初次分配收入较低的人群会获得更多的转移性收入，由此有利于调节收入分配和缩小收入差距。自 2014 年 10 月 1 日开始，机关事业单位养老保险制度改革正式实施，从机关事业单位职工基本养老保险制度的具体政策来看，其主要政策参数与企业职工基本养老保险制度基本一致，机关事业单位职工和企业职工在养老保险上的"双轨制"并轨，也在很大程度上体现了社会保险制度对收入分配的调节作用。《社会保险法》明确提出，职工基本养老保险基金逐步实行全国统筹。自党的十八大报告提出"实现基础养老金全国统筹"以后，党中央、国务院出台的关于社会保障改革文件，都将职工基本养老保险实现全国统筹作为重要的改革任务。2021 年 12 月 16 日，企业职工基本养老保险全国统筹实施工作电视电话会议，对企业职工基本养老保险全国统筹实施工作进行动员和部署。从 2022 年 1 月开始，我国实施养老保险全国统筹，在全国范围内对地区间养老保险基金当期余缺进行调剂。企业职工养老保险全国统筹，对于缩小地区之间的收入差距具有重要影响。事实上，自 2018 年国务院建立企业职工基本养老保险基金中央调剂制度以来，企业职工基本养老保险基金比例从起初的按各地征缴收入的 3%，以年均提高 0.5% 的比例增加。据统计，2020 年上调、下拨企业职工基本养老保险基金合计 7000 亿元，企业职工基本养老保险基金存在缺口的 20 多个省（自治区、直辖市）得到中央调剂金的支持，并从中受益。

第三，社会保障制度的发展推动了基本公共服务水平的提高和基本公共服务的均等化、一体化。党的十九大提出了"建立全国统一的社会保险公共服务平台"的要求。从中央到乡镇（街道）、村（居）的五级社会保险公共服务体系不断成熟。以各级社会保险经办管理服务为核心、社会保障卡（医保卡）为载体、社会保险信息网络系统为平台、省级数据大集中的全国统一社会保险数据库为支撑、基层社会保障公共服务平台为依托的社会保险公共服务网络，以及社会保障政务服务"好差评"制度和行风建设，为政府打通公共服务"最后一公里"，是政府提供便民利民、高效安全的公共服务的重要抓手和途径。社会保障公共服务也成为老百姓利用频率最高、影响最大、与群众切身利益联系最紧密的政府公共服务内容之一。社会保障公共服务的城乡一体化、均等化，为落后地区及低收入人群、困难人群等获得公共服务提供了便利，增强了群众的获得感、安全感和幸福感，对推动共同富裕具有基础性、现实性和战略性意义。

第三节　社会保障促进实现共同富裕的理论与现实依据

一、社会保障促进共同富裕，应当处理好二者之间的关系

学者郑功成认为，走向共同富裕是十分重大的时代主题，不仅对社会保障研究提出了要求，而且对整个公共政策研究至关重要。他特别强调，走向共同富裕的关键是健全社会保障制度。[①] 郑功成从四个方面阐述了自己的观点。

第一，共同富裕是民生发展的理想境界。目前国际上有富裕的国家，但还没有全体人民共同富裕的国家。中国以全体人民共同富裕为国家发展目标，正是民生为重发展取向的最集中表现，所体现的正是社会主义的本质要求和人民至上、以人民为中心的发展思想。从全面小康走向共同富裕

---

① 郑功成. 共同富裕与社会保障的逻辑关系及福利中国建设实践 [J]. 社会保障评论，2022，6（1）：3-22.

的理想境界，必然是一个持续性的历史进程，在这一进程中，政府必须从民生视角出发，以不断满足人民对美好生活的需要为出发点与着力点，以全体人民生活质量与生活品位的普遍提升等体现民生发展水平的要素为评价指标。

第二，社会保障是走向共同富裕的关键性制度安排。郑功成指出，持续做大财富蛋糕是走向共同富裕的前提条件，而社会保障则是走向共同富裕的关键性制度安排。前提毋庸置疑，更不需争论，发展必定还是第一要务，而关键性制度安排却需要明确。党中央对社会保障进行了科学且精准的定位，即"社会保障是保障和改善民生、维护社会公平、增进人民福祉的基本制度保障，是促进经济社会发展、实现广大人民群众共享改革发展成果的重要制度安排，发挥着民生保障安全网、收入分配调节器、经济运行减震器的作用，是治国安邦的大问题"。这一重要论述足以表明社会保障制度的极其重要性。研究者通过考察中华人民共和国成立后的既往实践发现，无论是计划经济时期，还是改革开放时期，特别是党的十八大以来，社会保障对于反贫困和促进社会平等均发挥了至关重要的制度支撑作用。因此，我国在走向共同富裕的历史进程中，必须将对社会保障的认识统一提升到科学、精准的定位上来，进而全面加快社会保障事业发展步伐，让国家发展成果更多更公平地惠及全体人民，最终达到全体人民共同富裕的理想境界。

第三，发展社会保障事业就是扎实推动共同富裕，或者至少是扎实推进共同富裕的重要方面。这一点决定于健全的社会保障制度能够解除人民后顾之忧和实现社会共享的卓越功能。有了健全的社会保障，人民将不再惧怕生活风险；有了健全的社会保障，人民就能够共享国家发展成果。如果说资本主义国家建立与发展社会保障事业是为了维护垄断资本的统治，那么，社会主义国家的社会保障事业则是社会主义的应有之义，其本身即是社会主义的目的，从而构成了走向共同富裕的重要内容。因此，党中央不断提升认识高度，不断壮大社会保障事业的物质基础，促使社会保障事业在不断优化的条件中获得全面快速健康的发展。

第四，我国要建立的是高质量的社会保障制度。国内外既往发展实践证明，只有高质量的社会保障制度才能够造福世代人民并真正促进社会平等，质量不高的社会保障制度反而会埋下隐患，导致社会危机，一些拉美国家在这方面的教训值得人们认真吸取。我国对于社会保障领域的调整和发展过程，需要按照"高质量发展、可持续发展"总要求，客观评估现行制度安排，找出导致个别社会保障项目水平提升难度较大的问题症结，推动社会保障制度改革走向全面深化，真正建立高质量的中国特色社会保障制度，并使之成为维护国家长治久安和人民世代福祉的有效且有力的制度保障。发展社会保障事业必须遵循共建共享和尽力而为、量力而行的基本原则：只有人人尽责，才能夯实共享的基石；只有尽力而为，才能真正体现中国共产党的宗旨和社会主义制度的本质要求；只有量力而行，才能确保社会保障制度在理性的轨道上永续发展。

二、共同富裕的意涵、评判与支撑体系

学者童星等人提出，在脱贫攻坚战取得胜利和全面建成小康社会的时代背景下，共同富裕具备了一定的基础，成为中国的时代最强音。[①] 人们应针对共同富裕的意涵、评判与支撑体系做出科学阐释。首先，"共同富裕"的意涵阐释。当前，社会各界对"富裕"意涵还存在较大分歧，这种分歧源自民间语言对富裕的多样化阐释以及学界对"富裕"界定的多样性造成的话语体系的缺位。在"共同"意涵的界定方面，我国虽然已经形成"去除两极分化"和"去除同步"的两种共识，但研究者在界定共同的"度"这一方面依旧存在分歧。因此，在实现共同富裕的动态过程中，实现的时间、途径、动力以及环境仍需进一步商榷。

---

① 郑功成，何文炯，童星，等.社会保障促进共同富裕：理论与实践：学术观点综述 [J].西北大学学报（哲学社会科学版），2022，52（4）：35-42.

其次，"共同富裕"的科学评判。在对"富裕"的评判方面，研究者应该突出人均值的指示作用，可以引入人均国民总收入这一指标，重点考察人均可支配收入，同时，要注意收入中位数的水平。此外，富裕不单纯是指物质财富，还涉及寿命、住房条件等变量，对此，研究者应予以系统考量。在对"共同"的评判方面，我国现已形成多种方法，研究者需要根据"财富如何分配？按照什么原则分配？"的现实情况搭配使用各种方法，并注意处理方法之间的冲突，这是"共同"测度的原则问题。在测度"共同"意涵的过程中，研究者需要注意第一次分配中的劳动占比、第二次分配中的政府占比，以及第三次分配的总量与比重问题。在任何关于测度"共同"的研究中，"共同"的起点应当明确。值得注意的是，"共同"作为一种"公平感知"，其来源包含"绩效主义"和"平均主义"两种心理倾向，不同的分层结构相互影响，维护对自己有利的分配原则，由此会产生相对剥夺感，进而形成"共同"所必经的"对比"；"共同"的不同参照物又会诞生差异化的共同感，造成客观事实与主观感受的分离。因此，研究者要明确客观事实不等于主观感受，价值判断也不等于事实判断，应动态考量共同富裕的过程。

最后，"共同富裕"的现实支撑。在共同富裕的实现方面，党中央明确提出，"发展是我国一切问题的基础和关键，也是实现共同富裕的基础和前提"，因此，我国不断完善个人权益保护制度、公共服务体系建设、税收制度，促进慈善公益事业发展。

三、共同富裕的历史比较分析

学者丁建定提出，共同富裕是人类社会始终追求的目标和人类文明的灯塔，是社会制度，尤其是政府合法性的一个重要的依据，更是推动社会进步的基本力量。[①]

第一，作为理想社会目标的古代"共同富裕"。不论是西方话语体系中的《理想国》《乌托邦》《太阳城》，还是东方话语体系中的"大同思想""小国寡民思想""矜、寡、孤、独、废疾者皆有所养"，都表达了"希望人类有一种美好的状态"的理想。推动共同富裕的途径总体上是基于政府、社会、家庭的，共同富裕需要通过社会制度的优化、社会调节的有效性或社会革命的推动实现。

第二，作为社会制度本质的近代"共同富裕"。西方在"工业革命"—"阶级对抗"的历史进程中提出了"自由主义""物竞天择，适者生存""空想社会主义""马克思主义""共产主义"等话语体系。而东方则在追求民族独立的进程中，提出了"太平天国"等话语体系。近代推动共同富裕的途径总体分为两方面：一方面，人们从私有制出发，配合一定的分配制度；另一方面，人们力求推翻私有制，建立按劳分配的社会主义公有制，以及按需分配的共产主义制度模式。

第三，作为社会治理状态的现代"共同富裕"。西方的资本主义"共同富裕"话语体系中的"新历史学派""激进自由主义""费边社会主义"，逐步提出国家要干预经济和社会生活的观点，这种干预包括对经济运行的干预；西方的社会主义"共同富裕"话语体系分化为"民主社会主义"与"共产主义"两大话语体系。而中国的话语体系则发生了很大的变化，经历了从"三民主义"到"共产主义"的转变过程。这一时期推动共同富裕的途径从空想逐步转变为实践：资本主义国家强调以劳动保障的规范化为基础，社会保险与社会救济为支撑，社会慈善事业为补充。社会主义国家则以社会主义革命为基础，社会主义公有制为前提，按劳分配为基本原则，无产阶级国家保险为支撑，为实现共同富裕创造环境、提供保障。

[①]　丁建定.中国共产党百年社会保障政策：时代目标与实践取向[J].社会保障评论，2021，5（2）：20-34.

第四，作为社会进步标志的当代"共同富裕"。这一时期，推动共同富裕的途径强调发挥不同社会制度下不同所有制的合理功能，共同富裕的政治性与政治途径的重要性显著提升，分配公平与社会正义日益被放在推动共同富裕的优先位置。

最后，丁建定提出，从《理想国》到"福利国家"的西方话语与从"大同社会"到"共享发展"的中国话语，证明"共同富裕"是中西方社会历史发展阶段的共同愿望。共同富裕的实现途径经历了"理想性表达"—"空想性实践"—"制度性实践"—"全球性拓展"的历史变迁。共同富裕的实现途径是复合的，其中，社会革命、所有制性质、政治制度模式、分配制度正义构成这一复合性的基本要素。在这些要素中，社会革命、所有制性质的决定性影响逐渐降低，政治制度模式的影响逐渐增强，分配制度正义的影响越发强烈。分配制度正义不仅对社会革命中的冲突性起到弱化作用，而且对由所有制决定的社会制度的缺陷具有较强的弥补作用。在分配制度正义中，初次分配的公平性直接决定了再分配"重在关注公平"功能可否实现，也在一定程度上决定了第三次分配"促进社会共享"功能的发挥。社会保障制度是分配制度中关键环节的重要内容，因此，社会保障制度的目标设定及功能发挥将影响到分配制度的正义程度，进而直接影响共同富裕能否实现。

四、共同富裕视角下社会保障的十大关系

学者鲁全认为，共同富裕视角下，人们需要进一步厘清社会保障事业涉及的"十大关系"。[①]第一，社会保障的生产性与分配性。学界普遍认为社会保障是具有分配性的，但社会保障也具有生产性。具体的机制包括：一是社会保障有利于提高人力资本投资，从而有利于提高总体的劳动生产率；二是社会保障能够在供需两侧有效地促进消费；三是社会保障能

---

① 鲁全.社会保障与地区间共同富裕[J].中国社会保障，2022（4）：36.

够提高中等收入群体的稳定性；四是社会保障能够成为新的生产要素。

第二，社会保障的功能性与价值性。共同富裕是社会主义的本质要求，是中国式现代化的重要特征。在资本主义社会，社会保障用于纠正自由市场经济的问题，主要是功能性的；相比而言，在社会主义社会，社会保障与社会主义具有价值的共同性，因此是社会主义社会的应有之义。

第三，社会保障中的初次分配与再分配。社会保障不仅涉及再分配，也涉及初次分配。经典马克思主义理论家认为保险基金是社会总产品的六项必要扣除之一，现代整体薪酬理论认为总体薪酬包括工资、奖金和福利，其中就包括法定福利中的社会保险等内容。因此，社会保障尤其是社会保险不仅涉及再分配，也涉及初次分配，是初次分配中很重要的组成部分。社会保障贯穿整个分配过程，是一种混合性的分配方式。

第四，社会保障中的现金给付与服务给付。共同富裕不仅是物质层面的，也是服务层面的。国家在实现共同富裕目标的过程中不仅要解决收入分配差距、财富分配差距，还要解决公共服务的差距。公共服务均等化是共同富裕非常重要的一个方面。对此，国家可以通过立法进行确权，通过制度建设实现内容均等化，通过财政转移支付制度实现水平均等化，通过设施建设实现可及性均等化，通过人力资源投资实现服务质量均等化。

第五，社会保障中的均等化与激励性。在法定的社会保险制度中，激励性是一个伪命题，因为所有法定参保人都要根据法律的相关规定履行参保缴费的义务。所谓个人账户的激励性，无论是基于智利的相关实践，还是基于我国的城乡居民基本养老保险制度的个人账户设计，都暂未充分证明个人账户具有激励性。因此，国家在法定社会保险制度中要追求均等化，在补充保障制度中可以探索提升激励性的途径。

第六，社会保障中的尽力而为与量力而行。从重要性来看，尽力而为在前，量力而行在后。社会福利水平与经济发展水平之间的匹配问题，作为协调"尽力而为"和"量力而行"这对关系的重要问题，值得人们深入研究和探讨。

第七，社会保障中的保基本与多层次。社会保障一方面要保基本，提高可持续性；另一方面也要满足人民群众的美好生活需要，所以要不断提升水平。在此过程中，多层次、多支柱是破解社会保障发展问题的重要切入点。国家通过多层次的责任分担机制，在基本社会保障制度上保持人民群众基本生活水准，在财务上实现持续性；通过多支柱的发展方式，不断提高社会保障事业发展水平。

第八，社会保障中的缩小地区差距与提高统筹层次。提高统筹层次一定是社会保障事业的基本发展方向，但社会保障在提高统筹层次的同时，应当如何处理好地区之间的差距？例如，基本养老保险全国统筹使得养老保险可持续性增强，但在具体的参数设计方面，指数化的个人缴费基数计算应该使用全国社平工资还是本地社平工资？研究者对于此类问题需要进一步核准，以最大限度地避免逆向收入再分配。

第九，社会保障中的缩小城乡差距与推进城乡统筹。我国是一个农业人口大国，当下，我国的社会保障改革是在一个农业人口大国推进的、以工业化为基础的改革实践。如何缩小城乡差距？根本的办法还是要加快城镇化的进程，同时努力推进乡村振兴。在评估城乡社会保障水平差距时，人们不能简单地用城镇职工的福利水平减去农村居民的福利水平，因为城镇职工与农村居民之间的生产方式、生活方式、生活成本是不完全相同的。

第十，社会保障中的福利不足与福利陷阱。目前福利不足与陷阱问题同时存在，但是福利陷阱问题是局部、微观问题，是要预防的问题；而福利不足仍是当前需要集中力量解决的问题。我国在制度设计和完善的过程中要防止出现福利陷阱，但是这并不意味着我国现在已经面临宏观层面的福利陷阱问题。

第六章 共同富裕目标下社会保障制度高质量发展面临的挑战

长期以来，尤其是最近30多年来，我国社会保障制度的改革和建设，促进了经济发展、社会稳定和其他领域的各项改革，并在一定程度上促进了共同富裕。同时人们应该清醒地看到社会保障领域存在的问题，尤其是现行社会保障制度对改善全社会收入分配状况的贡献率仍有待进一步提高，与实现共同富裕的要求相比，还有需要改进的地方。

第一节　社会保障项目设置差异一定程度上导致基本风险保障权益存在差异

从共同富裕的要求出发，每一位社会成员应当享有基本相同的基本风险保障权益。也就是说，社会成员所面临的基本风险，都应该能够得到由政府提供的大致相同的基本保障。前些年，国家在扩大社会保障覆盖范围方面做出了很大的努力，尤其是在基本生活保障、基本医疗保障和基本养老保障等方面。但是，目前社会保障项目设置仍存在一定的缺陷。例如，社会成员虽然面临同样的基本风险，但部分社会成员享有完备的基本保障项目，而另一部分社会成员则仅有少量的基本保障项目。这种差别主要体现在以下几种情况。一是工薪劳动者与其他社会成员之间的差别。工薪劳动者与一般社会成员所面临的风险确实不同，因而基本保障项目也可以有所不同。问题在于，有些风险与职业劳动无关，但工薪劳动者享有保障项目，而其他社会成员没有此项保障。例如，针对生育风险，企业职工通过参加生育保险的方式获得保障，国家公职人员则通过职工福利方式解决生育保障问题，但这一保障项目的覆盖人群仍有待进一步拓展。[①] 二是正规就业人员与其他劳动者之间的差别。例如，正规就业人员必须参加包含五个项目的职工社会保险，但灵活就业人员、新业态从业人员、部分进

---

① 何文炯，杨一心，王璐莎，等.中国生育保障制度改革研究 [J].浙江大学学报（人文社会科学版），2014，44（4）：5-18.

城务工人员等非正规就业人员，也面临职业伤害风险，但因较难参加工伤保险而缺乏职业伤害保障。三是社会保障领域的户籍要求方面。随着人口流动的加剧，人户分离的现象已经十分普遍，现行社会救助体系和特殊群体福利体系中的大多数项目，其保障对象在界定方面仍是以户籍为基础，这就使得一些非本地户籍常住人口无法在其实际居住地得到这些社会救助和社会福利，因而这些制度的实施过程仍待优化。

第二节　现行社会保障制度对改善全社会收入分配状况的贡献率仍需持续提升

社会保障的基本职能是为社会成员提供基本风险保障，而有效的社会保障制度必然会产生积极的收入再分配效应。因此，评价某项社会保障制度的优劣时，考量其收入再分配效应，是有效的方法之一。就现行社会保障体系中的各项目而言，部分项目产生了积极的收入再分配效应，但一些项目的贡献率有待提升。比较典型的是基本养老保险制度。这一项目基于国民生存权而设置，旨在使社会成员年老之后有一笔稳定的收入，用于购买基本生活资料。我国于 2009 年开始推行新型农村社会养老保险试点工作，这是积极进步的，但从国民权益公平和共同富裕的要求出发，相关领域的改革实践仍然任重道远。过去，一些学者在研究我国社会保障制度的收入再分配效应时，较多地就某一项制度进行考察，例如，杨震林和王亚柯①、彭浩然和申曙光②、何立新和佐藤宏③等学者的相关研究。如果把两项基本养老保险制度合在一起进行考察，即从全社会整体角度考察基本养老保障制度体系的收入再分配效应，会发现现行基本养老保障制度体系作为一个整体，对改善全社会收入分配状况的贡献率有待持续提升。现行职工基本养老保险制度从原先的职工退休制度演变而来，2005 年退休职工的月均基本养老金为 1000 元左右，此后快速增长，而城乡居民基本养老保险制度中的基础养老金增幅较小，因而两种基本养老保险制度下参保人待遇存在一定差异。此外，基本医疗保障制度也有类似的情况。

第三节　社会保障政策在促进区域均衡发展方面需要持续发力

最近 40 多年，得益于改革开放，我国生产力全面解放，经济持续快速发展，社会财富日益丰厚，人民生活水平在整体上显著提高。作为国民收入再分配的重要手段，社会保障制度应为缩小区域差距、实现均衡发展做出积极的贡献。客观来说，现行社会保障制度在这方面已经发挥了较大的积极作用，但是从共同富裕的要求看，还有一定的差距，主要表现在以下三个方面。

一是地区之间的社会保障项目设置存在一定的差异。目前，中央政府对多数社会保障项目有统一的制度规定，但有些项目由各地自设或者自

---

① 杨震林，王亚柯.中国企业养老保险制度再分配效应的实证分析[J].中国软科学，2007（4）：39-48.

② 彭浩然，申曙光.改革前后我国养老保险制度的收入再分配效应比较研究[J].统计研究，2007（2）：33-37.

③ 何立新，佐藤宏.不同视角下的中国城镇社会保障制度与收入再分配：基于年度收入和终生收入的经验分析[J].世界经济文汇，2008（5）：45-57.

主选择。部分地区实行城乡居民大病保险或大病医疗互助补充保险、重特大疾病医疗保险、罕见病保障项目等；设置了高龄津贴制度、失能老人照护补助制度。各地自设或自主选择项目的同步情况也一定程度上使得各地社会成员在社会保障权益方面存在一些差异性，而这也说明社会保障仍需在推动区域协调发展方面持续发力。

二是地区之间若干社会保障项目存在一定的待遇差异。我国现行多数社会保障项目的制度框架是全国统一的，但某些社会保障项目的具体政策在地区之间有差异。例如，城乡居民基本养老保险制度框架是统一的，但基础养老金水平在地区之间有一定的差异，[①] 又如，基本医疗保障政策方面，地区之间可能存在基本医疗保险药品目录不同、参保条件规则不同、等待期规则不同、最低缴费年限规则不同等差异。

三是地区之间同类社会保障项目的制度运行成本[②]不同。地方的社会保障制度运行的成本与当地的人口结构、劳动力结构、疾病谱、医疗和照护服务成本等有密切关系。现实中地区之间的这些因素都存在差异，因而各地为实现同类社会保障项目所需要的成本就会有差异。例如，前些年，用人单位的职工基本养老保险缴费比率方面，有的地区高达20%，有的地区仅为12%；用人单位的职工基本医疗保险缴费比率方面，有的地区高达10.5%，有的地区仅为5.5%。这就意味着地区之间的劳动力基础成本有显著的差异，直接影响着劳动力市场的价格，影响着区域之间的均衡协调发展。

---

① 何文炯，潘旭华．基于共同富裕的社会保障制度深化改革 [J]．江淮论坛，2021（3）：133-140.

② 某一社会保障项目的制度运行成本，包括该社会保障项目的基金（资金）及其筹集成本和组织实施、经办服务及监督管理成本等。

第七章 共同富裕目标下社会保障制度高质量发展的合理路径

我国已经建立了比较健全完善的社会保障制度体系，按照党的十九大、党的十九届历次全会、党的二十大的部署和要求，未来我国社会保障事业将朝着成熟定型方向发展。成熟定型的一个重要标志，就是社会保障要在共同富裕的时代命题中发挥其应有的作用。为此，围绕共同富裕的目标，本书提出对于我国社会保障制度高质量发展的几点建议。

第一节　在更加公平的视角下改革完善
社保筹资与待遇

筹资是社会保险制度最重要的政策之一，也是发挥社会保障收入再分配功能的重要环节，因此，我国要想建立更加公平、更可持续、更高质量的社会保障制度，让社会保障在共同富裕中发挥更大的作用，首先应当改革完善筹资制度，对此可以将职工以工资性收入为缴费基数改为全口径按要素分配收入确定缴费基数，并进一步降低社会保险费率。

我国各项社会保险制度伴随着经济体制改革和国企改革而产生和发展，筹资机制在设计之初，受到当时经济社会制度和国企改革要求的影响，职工社会保险的筹资水平与单位和个人的工资水平紧密挂钩。《社会保险法》等有关法律法规政策也明确规定，参保单位缴纳基本养老保险费和基本医疗保险费的基数均按照国家规定的本单位职工工资总额确定。职工本人的缴纳基数按照国家规定的本人工资确定，其中，职工平均工资低于当地职工平均工资60％的，按当地职工平均工资60％计算缴费基数，超过当地职工平均工资300％的部分不计入缴费基数。另外，个体工商户和灵活就业人员所缴纳的基本养老保险费的基数为当地上年度在岗职工平均工资。在实际执行过程中，企业缴费基数一般采用企业职工工资总额或个人缴费之和两种方式；个体工商户和灵活就业人员缴费基数方面，多数省份允许参保人按照当地上年度在岗职工平均工资的60%～300%进行自选。当时这一设计主要考虑两方面因素。一方面是遵循国际惯例，大多数发达国家的社会保险采用工资总额（包括企业和个人）作为缴费基数，虽然称谓（收入、工资或工资总额）有所不同，但因为发达国家收入工资化程度较高，收入与工资总额在数目上大体相当，所以缴费基数基本等同工资总额。同时大多数发达国家也规定了个人缴费的上下限，主要有直接规定金额（或设置下限为最低工资）和按平均工资的一定比例进行确定两种方式。另一方面是体现社会保险共济和再分配的原则。按照社会保险权利与义务对等的原则，参保人若想在社会保险方面享有一定的待遇水平，就需要保证一定的缴费水平，因而缴费下限不能过低。缴费基数上下限的设定也是为了防止退休人员养老保险收入差别过大，因为基础养老金的计发标准也是以当地上年度在岗职工月平均工资和本人指数化月平均缴费工资的平均值为计发基数的。另外，缴费基数上下限的设定还考虑了企业收入分配制度的现实情况。在 20 世纪 90 年代初开始实施社会保险制度时，我国实行全国统一的工资制度，而且，职工个人工资性收入在全部收入中占比较高，即那时职工的绝大部分收入来自劳动报酬（工资）。因此，当时社会保险缴费与工资收入挂钩的设计是合理的。1993 年，党的十四届三中全会上，中央明确提出要坚持按劳分配为主体、多种分配方式并存的原则，允许和鼓励资本、技术等生产要素参与分配，探索建立与现代企业制度相适应的收入分配制度。目前，我国实行按劳分配和按要素分配相结合的分配制度，就业人员的工资性收入占比逐年降低，居民家庭的收入也更加多元化，财产性收入、经营性收入和转移性收入占比逐年增大，尤其是目前更多的个人和家庭在工资性收入的基础上，还有财产性收入（如自有房屋租赁）、资本收入（如股票、股权、期权、债券），以及兼职收入等，许多未就业者也有多元化的收入。在这种情况下，职工的各项社会保险缴费仅与工资性收入挂钩显然是不合理的，未能反映职工和居民真实的收入情况。因此，本书建议改革社会保险筹资办法，将按工资核定缴纳职工社会保险费，以及城乡居民定额缴纳养老和医保费的办法，改为按个人和家庭全部收入（包括工资性收入、财产性收入、经营性收入和转移性收入等）核定缴费水平。这样更能体现社会保障的公平性，更能体现社会保障收入再分配的功能，同时，这种方式可以体现社会保险按照"能力"缴费的原则。2018年国家政府机构改革，党中央做出将社会保险费用征缴由人社部门移交税务部门负责的决策安排，也为社会保险费征缴基数的改革创造了条件。

同时，随着缴费基数口径的变化以及多渠道筹资机制的建立，社会保险费率也应相应降低，国家通过降低企业人工成本，进一步减轻企业负担，增强社会保障制度吸引力，推动各项社会保障制度高质量发展、可持续发展。

一、健全完善城乡居民社保的筹资机制

当前，城乡居民基本养老保险和基本医疗保险方面，各地都是按定额筹资，这在实施城乡居民社会保险举措的初期，能够让广大群众直截了当地明白筹资的水平和标准，是必要和合理的，但在制度不断完善、基本实现全民覆盖的情况下，这种筹资机制已经不适应快速发展的社会保障制度的需要，也与社会经济发展不相适应。为此，本书提出如下改革建议。一是将城乡居民基本养老保险和基本医疗保险每年由政府确定、按绝对额缴费，改为按城乡居民可支配收入的一定比例缴费，实现缴费与收入水平动态挂钩。这在全面实现脱贫、城乡居民收入水平不断提升的背景下，既有利于建立正常的筹资机制，提高城乡居民的筹资水平，也能减轻政府的财政负担，实现党的十九大提出的建立正常责任分担机制的要求，同时，对于保证整个社会保障制度的可持续发展，以及增强社会保障再分配功能等方面，也具有重要意义。二是从根本上解决农民群体的社会保障问题。我国建立了覆盖农民群体的城乡居民基本养老保险、基本医疗保险，以及城乡救助等社会保障制度，但大多数依靠土地为生的广大农民需要保障自身有持续的财力参加缴费型的社会保险制度，如何改善农民群体收入水平

并使其持续参保仍然属于当下面临的难题，特别是对一些被征地的农民而言，失去了赖以生存的土地，他们在当期可以获得一定的土地经济补偿金及其他保障（如将失地农民劳动力安排在城镇就业、以土地换保障），但从一些地区的改革实践看，如何保证农民有能力持续参加社会保险仍属难解问题。为此，本书建议对被征地农民除了当期给予国家规定的经济补偿外，应根据征地用途对被征地农民给予持续的土地权益保障。大多数农村征地是用于国家重大工程的建设用地，也有部分属于市场化的商业征地，本书建议在各种类型的征地行为中，被征地的农民可以保留一定的土地增值和收益的权益，即能够从被征收土地的每年收益中取得一定比例的收益（地方有关部门具体可考虑以征地当年价格为基数，参考当地年度 GDP 和 CPI 等指标确定具体额度），该收益应明确用于缴纳社会保险费，不得挪作他用。三是可以考虑城乡居民按家庭参保缴费，打破目前按个人缴费的办法。社会保险费征缴机构每年以家庭为单位，根据每个家庭拥有的各项收入和资产情况，核定每个家庭人均的缴费标准。事实上，从社会保险本质上讲，社会保险是为了防范和化解社会风险，家庭是社会的细胞，家庭保障是最基本的保障之一。每个家庭成员的风险，不论是年老、丧失劳动能力，还是疾病、工伤、失业等，都同时构成家庭的风险。实行城乡居民按家庭参保，一方面可以弘扬中华民族的传统美德，筑牢家庭在养老、疾病照料和康复护理等方面的第一道防线，另一方面可以使我国的社会保障制度基础更加稳健、更可持续、更能发挥再分配功能。同时，可以有效避免部分富裕家庭的部分成员在社会保障参保缴费中的"逆向选择"和道德风险问题。

二、以共同富裕为着力点，拓展社会保障筹资渠道

多渠道筹集社会保障基金是我国社会保障改革的一项重要内容。当前，我国已经实施了通过划转部分国有资本充实社会保障基金，以及建立储备性社会保障基金等措施，但这些措施还是不够的，一方面筹措的资金

仍然有限，另一方面目前社会保障基金对于增强社会保障制度效能、推进共同富裕中的作用不够明显。针对此方面，本书提供以下几点建议。一是在继续做大做强社会保障储备基金和国有资本划转补充社保基金的基础上，政府可以将烟酒税、环保税、个人所得税等部分税种的税收按一定比例划转到社保基金中。一方面烟酒、环境污染等直接损害人民的身体健康，加剧年老和疾病等风险，将相关的部分税收用于社会保障，有其内在的合理性；另一方面，上述税种所涉及的行业一般是利润丰厚、就业人员收入较高的，这种做法也对推进共同富裕、发挥社会保障再分配功能具有重要作用。一些西方国家如法国，将特种税收用于社会保险的做法也可以合理借鉴。二是探索发行社会保障彩票和社会保障长期债券。发行彩票不需要还本付息，并且具有融资量大、融资迅速、群众易于接受、可以减免政府财政负担的特点。在许多国家和地区，彩票发行规模非常大，以至于有学者称其为"第二财政"，所筹资金主要用于公益事业。根据现行福利彩票、体育彩票发行的成功经验，政府可以适当增加彩票品种，扩大彩票的发行额度，并通过一定渠道和形式，将发行社会保障彩票的收益转入社会保障储备基金。另外，政府还可以考虑把以往大规模发行的、主要用于经济建设方面的长期债券所筹集的资金，部分转向投入社会保障方面，即在每年的国债发行范围内确定适当比例，作为支撑社会保障储备资金的固定来源之一。以上举措，不仅可以为社会保障制度进一步拓展筹资渠道，更重要的是，还能够推动社会保障更好地发挥在收入再分配方面的功能，有利于共同富裕目标的实现。

三、改革完善社保待遇确定和调整机制

影响社会保障收入再分配功能发挥的另一个重要方面，是社保待遇的确定和调整机制问题。随着我国进入新发展阶段，实现全体人民共同富裕成为中国共产党带领全国各族人民要完成的第二个百年奋斗目标。与此同时，社保待遇的确定和调整机制也应该不断改革完善，以适应新发展

理念的要求。首先，职工基本养老保险方面应改革符合领取养老金待遇条件人员的待遇计发办法，特别是改变现行的"多缴多得"待遇确定办法。"多缴多得"在我国职工基本养老保险实现全覆盖过程中发挥了重要作用，有利于吸引与鼓励单位和个人持续参保，并如实按照工资收入缴纳费用。但随着我国经济社会进入新发展阶段，这种待遇确定方式存在一定的弊端，因此，社会保障领域的改革实践应当以企业职工基本养老保险全国统筹为契机，在确保做实缴费基数的基础上，促使基本养老保险待遇更加公平。不同企业、不同地区的养老待遇差距不宜体现在基本养老金上，而是应当通过完善企业年金、职业年金、个人账户养老金等，在补充层面加以体现，以顺应不同地区、不同行业退休人员生活成本的差异，以及体现单位和个人对社会保障事业的贡献。在医疗保障方面，社会保障领域相关实践应改革基本医疗保险报销范围之外的大病保险、异地就医等的待遇支付办法，可以考虑在对大病患者及其家庭进行必要的统计调查后确定报销水平，对不同个体和家庭的患病报销实行更加精细化的管理，使低收入个体和家庭在就医上得到更多的实惠，尤其是解决低收入个体和家庭因病致贫、因病返贫问题，并以此解决收入较高的个体和家庭获得更多医保基金、享受更多医疗服务项目等问题，以便参保人具有同等的健康权，做到生命面前人人平等，这样做还可以将更多医保基金用于低收入个体和家庭，解决医疗保障对收入分配的逆调节问题。

另外，《社会保险法》已将参加基本养老保险人员因病非因工死亡遗属待遇（简称参保人员遗属待遇）纳入基本养老保险支付范围，但目前国家尚未出台具体办法。建立参保人员遗属待遇制度是养老保险制度顶层设计的重要内容之一。目前，我国对不同职业、不同死亡原因的参保人员实行不同的遗属待遇政策，这些具体政策在领取资格、待遇项目、待遇水平、资金来源等方面存在一定的差异。《社会保险法》实施后，参保人员遗属待遇具体办法尚未出台，多数地区仍暂按当地原有办法执行，但部分企业不再支付在职死亡人员遗属待遇，灵活就业人员遗属也无法领取待遇，部分地区已自行出台临时性政策。各地企业参保人员的遗属待遇在待遇项目、支付条件、待遇标准、资金来源等方面差异性更大，引起地区之间相互攀比。参保人员遗属待遇制度是基本养老保险制度的一项内容，应当遵循基本养老保险制度的一般规律，并体现遗属待遇的自身特点。因此，本书建议根据《社会保险法》和完善基本养老保险制度的具体要求，统筹考虑当前情况与长远发展，按照权利与义务相对应、更加体现公平、兼顾各类群体的基本原则，设计出结构合理、水平适当，统筹考虑企业人员、机关公务员和事业单位人员，以及城乡居民等养老保险参保人员遗属待遇的具体办法。这更能体现养老保险制度在增强社会公平性方面的作用。

同时，社会保障领域的改革实践要立足防范和化解人民群众的终身风险，建立更加稳定成熟的社会保障制度体系。目前，我国社会保障的功能定位主要还是从保护生产力和劳动者的视角考虑，而此后社会保障功能的目标定位应为建立保障一生的社会保障制度。基于扎实推进共同富裕的目标要求，中国特色社会保障体系建设也应全面步入制度成熟定型的新阶段。以养老保险为例，在退休人员不断增多、预期寿命不断增长，家庭小型化、少子化趋势加剧的背景下，对于广大退休人员来说，他们如果仅仅按时足额领取养老金是远远不够的。因为对于退休人员特别是高龄人员来说，"钱固然很重要，但服务更重要"。因此，建议将针对退休人员的社会化管理服务作为养老保障的重要内容，将养老保障从依法扩大养老保险参保范围、实现养老保险人群全覆盖和养老金按时足额发放，延伸到退休后的养老服务管理，直至生命的终结。总体思路是，人力资源和社会保障部门应当为退休人员提供全过程、全流程、全天候的养老保障服务，社保经办机构不仅要保障养老金按时足额发放，还应代表退休人员实施对于养老服务的战略性购买，确保养老金真正用于个人或家庭的养老及相关服务中。

建议国家对《社会保险法》进行修订，并尽快将其上升为《社会保障法》。《社会保险法》在我国社会保障的发展史上具有里程碑意义，标志着我国的社会保障从行政主导向依法治理迈进。但作为政府为群众提供的涉及人数最多，与群众切身利益关系最密切，管理和服务周期长、内容多的公共服务项目，仅靠《社会保险法》是远远不够的，而且《社会保险法》颁布实施已有 10 多年，难以适应快速发展的社会经济和社会保障的要求。建议国家在修订完善《社会保险法》的基础上，将其上升为《社会保障法》，对我国的社会保险、社会救助、社会福利等做出更为完善和明确的法律规定，使其成为我国社会保障的重要法典，使社会保障在推动和促进共同富裕中发挥应有的作用。①

第二节　社会保障促进实现共同富裕的实践路径

一、全国统一大市场建设与社会保障深化改革

学者何文炯认为，2022 年 4 月《中共中央 国务院关于加快建设全国统一大市场的意见》正式发布，从全局和战略的高度为今后一个时期我国建设全国统一大市场提供了行动纲领，充分体现了加快建设全国统一大市场是进一步完善社会主义市场经济体制的内在要求。这一文件虽然没有直接涉及社会保障制度和政策，但在建设全国统一大市场的进程中，社会保障具有十分重要的职责。社会保障属于长期性的制度安排，是一项以国民权益为基础设置的国家制度，伴随经济环境的变化，社会保障在不同时期、不同条件下发挥了重要作用。何文炯进而指出，社会保障能否顺应全

---

① 谭中和.共同富裕目标下我国社会保障改革关键问题思考：《社会保险法》实施以来中国社会保障成就与展望 [J]. 中国劳动，2022（1）：48—61.

国统一大市场的发展，在研究该课题时，人们需要厘清三个关键问题。[①]

首先是社会保障与全国统一大市场的关系。全国统一大市场有益于经济发展，有益于社会财富的积累，有益于人民生活水平的提高，有益于全社会及全体人民的财富共享，同时有助于落实国民社会保障权益。在促进经济发展、提高生产力水平的各种要素中，劳动力作为最活跃的要素，占据了十分重要的地位。全国统一大市场亟需建设完善，为促进生产发展、经济发展的各种要素的自由流动提供条件。实现人的全面发展是共同富裕社会的核心要义，适当的劳动力流动对于生产力水平的提高，以及实现人的全面发展起到重要助推作用。而社会保险关系在接续方面的困难会一定程度上阻碍劳动力流动，不利于建设全国统一大市场的推进过程。社会保障筹资、劳动力成本、社会保障相关服务产业都与全国统一大市场建设存在密切的关联。

其次，在建设全国统一大市场的背景下，我国社会保障领域中的若干方面有待进一步完善一是全体国民应当享有无差别的社会保障权益，包括城乡之间、地区之间、人群之间，当前，全国统一大市场尚未完全形成，这也使得社会保障制度在地区之间存在一定差异。二是劳动者社会保险关系转移方面的便利性仍需进一步提升。三是部分社会保障权益以户籍为基础，逐步放开户籍制度需要破除许多障碍。建设全国统一大市场，各地各部门需要落实不同人群的社会保障权益，例如，常住地政府可为非本地户籍的常住人口提供相关的基本公共服务。四是社会保障领域的改革实践需要重视协调区域发展，弱化社会保障筹资成本的地区差异及社会保障相关服务产业存在的地区差距。

最后，基于全国统一大市场建设的社会保障领域改革思路，具体可以包括加快统一社会保障制度和政策、完善社会保险关系转移机制、降低

[①]　何文炯.建设适应共同富裕的社会保障制度[J].社会保障评论，2022，6（1）：23-34.

社会保障制度户籍关联度、采用适宜的社会保险基金管理机制、完善社会保障领域的财政转移支付机制和基金调节机制，以及破除社会保障相关服务产业的地区壁垒，等等。

二、民政部门视角下的共同富裕：筑牢共同富裕的底线

学者王杰秀等人认为，共同富裕是全体人民共同富裕，不是少数人、部分地区共同富裕，这是由社会主义本质特征决定的；而在实现共同富裕的过程中，民政部门的重点工作对象——困难群体、弱势群体成为共同富裕目标的短板，这些群体应当成为党和国家在实现共同富裕层面所关注的重点对象。困难群体能否享受发展成果，决定了我国共同富裕能否实现。没有高水平的人群兜底保障措施，共同富裕就不可能实现。针对困难人群的重点帮扶是系统性工作，需要多措并举，而民政部门则发挥着比较重要的作用。帮扶弱势群体、困难群体是民政部门的主责主业。因此，社会保障领域的改革实践要从以下三个方面采取措施。首先，要加强社会救助。社会救助是实现对于困难人群、弱势人群进行重点帮扶的首要措施。社会救助依靠转移支付得以向弱势群体、困难群体提供救助服务，因而客观上能够有效地缩小社会收入差距，这一点已经被国内外实践所证明。社会保障体系的构成要素繁多，社会救助则是保证社会保障体系稳定生效的"底座"，在解决困难人群发展问题、实现共同富裕方面效果显著。其次，要优化基本社会服务。民政部门的职责可以总结为基本民生保障、基本社会服务、基层社会治理等。其中，民政部门所提供的基本社会服务带有一定福利性质，有关部门在未来还需要不断加强基本养老服务体系、殡葬服务体系建设。最后，大力发展慈善事业。我国慈善事业在初次分配和再分配过程中的作用尚不突出，这是社会保障领域的改革实践未来需要重点关注的。此外，慈善事业在大病医疗筹资方面能够弥补法定医疗保障的乏力，这意味着我国对于发展慈善事业的需求已经产生。从规模来看，近年来我国慈善捐赠总规模虽达到 2000 亿元，却只占到 GDP 总量的 0.2%

左右。因此，我国慈善事业在推动实现共同富裕的过程中有很大的发展空间。[①]

三、多层次养老保险体系促进共同富裕的实践逻辑

学者胡秋明提出，多层次养老保险体系促进共同富裕蕴含深刻意义。[②]第一，多层次养老保险体系建设与促进共同富裕具有内在的统一性。二者统一于以人民为中心的发展思想，把增进民生福祉作为发展的根本目的、实现分配正义是二者的本质特征，经济发展是二者的共同经济基础并呈现出相互促进的关系。建设多层次养老保险体系是推动共同富裕的必由之路。

第二，多层次养老保险体系建设的总体方略。胡秋明提出，我国在建设多层次养老保险体系的过程中，首先要从服务于社会主义市场经济改革的"问题导向"建设模式，转向以人民为中心、国家治理体系与治理能力现代化的"目标导向"建设模式，使制度追求"精算平衡原则""成本效率原则"的"工具理性"，服从于追求"分配正义""民生福祉""共享发展"的"价值理性"，明确不同养老保险项目的层级结构与功能定位，厘清权责分配，夯实基本养老保险"保基本"的基础性地位，既要实现补充保障对基本养老保险的"补位"，又要警惕"越位"，并通过基本养老保险的参量改革，助推养老保险体系的结构改革，构建系统集成、协同高效的多层次养老保险体系。

第三，基本养老保险体系的优化与定型。在这一方面，社会保障领域的改革实践需要确定基本养老保险人员全覆盖、保基本的功能定位，进一步优化统账结合的制度模式，增强养老保险互助共济的特征，适时引入

---

① 郑功成，何文炯，童星，等.社会保障促进共同富裕：理论与实践：学术观点综述 [J].西北大学学报（哲学社会科学版），2022，52（4）：35-42.

② 胡秋明.社会保障协同经济"双高"发展 [J].中国社会保障，2020（9）：34-35.

国民养老金，强化基本养老保险筹资和待遇确定机制的再分配功能，特别是需要审慎评估"多缴多得、长缴多得"的制度设计，探索基本养老保险的筹资和待遇确定机制如何适应新业态、新就业形态就业人员。

第四，企业年金扩面普惠。胡秋明提出，随着产业转型升级和人力资本积累水平的提升，劳动力的薪酬福利议价能力提高，企业年金作为一种延期支付的薪酬，将愈发受到青睐。针对企业年金发展"动力不足"与"能力不足"的问题，企业薪酬结构调整、政府税惠激励等多重因素有利于提升雇主和雇员的参保缴费动力。社会保障领域的改革实践要持续推动企业年金的供给侧结构性改革，提高供给的适应性和效率。

第五，规范和发展第三支柱养老保险。第三支柱养老保险改革应通过需求管理，实现"买得起和愿意买"；提升养老金融供给质量和效率，以多元化的税收优惠方式与针对低收入群体的财政补贴，激发个人和家庭的参保积极性，合并计算企业年金、职业年金和个人养老金的税惠额度，打通多层次养老保险的第二、第三支柱，通过控制运营成本、提升投资收益、控制运营风险的市场化运行机制，促进第三支柱养老保险的高质量发展。

四、我国社会保障事业高质量发展、可持续发展对于实现共同富裕目标的促进作用

学者李春根指出，《促进我国社会保障事业高质量发展、可持续发展》一文总结历史、立足现实、着眼未来，系统地回答了我国社会保障事业发展的方向性、根本性与战略性问题，为做好新时代社保工作指明了方向、提供了遵循。李春根认为，社会保障是全民共享发展的基本途径。社会保障作为保障和改善民生、维护社会公平、增进人民福祉的基本制度保障，是促进经济社会发展、实现广大人民群众共享改革发展成果的重要制度安排，发挥着民生保障安全网、收入分配调节器和经济运行减震器的重

要功能。我国基本建成以社会保险为主体，包括社会救助、社会福利、社会优抚等制度在内的功能完备的社会保障体系，而这一体系也是世界上规模最大的社会保障体系。现有制度发展成果也为实现第二个百年奋斗目标、实现共同富裕奠定了坚实的基础。我国社会保障制度已不同程度地惠及全体人民、成为全民共享国家发展成果的基本路径，这意味着中国特色社会保障制度能够给占全世界总人口近 1/5 的中国人民的基本生活提供坚实保障，这是世界社会保障发展史上的奇迹，更是中国特色社会主义制度优势的集中体现。李春根及仇泽国还认为，共同富裕目标下我国社会保障制度发展还存在问题。[①] 比如，部分社会成员仍面临因为老弱病残、自然灾害、结构性失业等返贫的风险，这些返贫风险值得关注。台风、火灾、洪涝、地震、病虫害等各种灾害是导致脱贫人口返贫的重要原因之一，全国每年遭受各种自然灾害侵袭的人口数超过 2 亿人次，即便国家采取有效的预防和救灾措施，其中依然有较大部分人口会因自然灾害再度陷入贫困。当前我国经济发展面临发达地区产业升级和部分外资企业外迁、传统就业机会持续减少、新工作岗位对劳动技能与学历要求较高等三重压力，部分依靠进城务工脱贫的人口面临失去稳定收入来源后的结构性返贫风险。此外，按照联合国对老龄化社会的判定标准，我国已全面进入中度老龄化社会，通过长期护理保险全面实施应对人口老龄化挑战已迫在眉睫。李春根强调，共同富裕大局下社会保障改革应把握四个重点内容。一是建立健全社会保障防返贫机制，捍卫党和人民在打赢脱贫攻坚战和全面建成小康社会的奋斗历程中所取得的胜利果实。进入新的发展阶段，我国社会保障制度依然要紧紧围绕"真脱贫、稳脱贫"目标，针对长期处于贫困边缘的低收入群体因病、老、残、弱返贫的情况，坚持发挥多层次社会保障的兜底保障作用。各级党委、政府高度重视防返贫工作，明确各相关职能

---

① 李春根，仇泽国.深化社保改革 推进共同富裕 [J].中国社会保障，2021（12）：40-41.

部门和社会组织的职责权限，抓好对于相关工作的综合管理和监督协调。各地要针对特殊困难群体、脱贫监测户及边缘户，建立和完善防返贫监测预警机制，构建贫困监测大数据信息平台，优化整合各类社会保障资源，提升防返贫工作效能；积极完善医疗救助政策，将符合条件的低收入群体纳入大病医疗救助和特药特材救助范围，医疗救助不设起付线，充分彰显医疗救助托底保障功能，大幅度降低因病致贫、因病返贫的风险；将农村社会救助纳入乡村振兴战略统筹谋划，健全农村社会救助制度，完善日常性帮扶措施，促使健全的分类分层社会救助体系在兜底保障中更加充分地发挥基础性作用。二是强化社会保障收入再分配功能，做到"扩中提低"。进入新发展阶段，我国社会保障调节收入分配的独特功能应当得到强化，社会保障的筹资机制与补偿机制应得到进一步完善。政府在准确评估我国经济发展的承受能力的基础上，需要不断加大对社会福利制度的投入，加大对妇女、儿童、残疾人和其他优抚对象的关注，不断加大教育、医疗、卫生等基本公共服务领域支出，提高人民群众的可支配收入。三是提高社会保险统筹层次，促进区域间经济社会协同发展。基本养老保险改革要落实好全国统筹，以统一实际缴费率作为抓手，建立权责分担合理、养老保险待遇确定方式和参数设计科学的基本养老制度，充分考虑不同地区之间经济发展、居民收入水平的差距，合理确定养老金给付水平。其他社会保障领域的改革实践要在做实基本医疗保险、工伤和失业保险基金地市级统筹的基础上，鼓励有条件的地区实行省级统筹，进一步明确中央与地方事权和支出责任，研究建立基金区域调剂平衡机制，增强基金共济性；建立社保基金管理的有效机制，落实地方各级政府的筹资与管理职责，充分考虑制度服务成本的地区性差异及其可能引发的公平性问题。四是加快完善社保制度设计，助推新发展格局的构建。在这一方面，社会保障制度加快实现完善定型，为构建新发展格局提供保民生、安社会、护国运的基础性保障，确保有效发挥作为防御风险政策工具的作用。社会保障制度改革在对于制度的顶层设计和持续完善方面需要按照全覆盖的要求进行，通过实施一揽子有效的财政与社保政策，切实维护农民工、灵活就业人员、新业态从业人员等群体的社会保障权益；正式建立覆盖全民的长护险制度，实现与社会保险、社会救助和社会福利等制度的有效衔接，制定统一的老年人分类分级标准、完善服务质量评价与监督机制、规范养老服务机构的照护流程，推动长期护理保险制度在政策与实践层面的落地、落实、落细。

参考文献

一、国内专著类文献

［1］ 中共中央文献研究室．十七大以来重要文献选编：上 [M]．北京：中央文献出版社．2009.

［2］ 中共中央文献研究室．十九大以来重要文献选编：上 [M]．北京：中央文献出版社，2019.

［3］ 陈独秀．陈独秀文集：第 1 卷 [M]．北京：人民出版社，2013.

［4］ 中共中央文献研究室．建国以来重要文献选编：第 7 卷 [M]．北京：中央文献出版社，1993.

［5］ 马克思，恩格斯．马克思恩格斯全集：第 19 卷 [M]．中共中央马克思恩格斯列宁斯大林著作编译局，译．北京：人民出版社，2006.

［6］ 郑功成．中国社会保障改革与发展战略 [M]．北京：人民出版社，2008.

［7］ 张晓山，李周主．中国农村改革 30 年研究 [M]．北京：经济管理出版社，2008.

［8］ 李珍．社会保障理论 [M]．4 版．北京：中国劳动社会保障出版社，2017.

［9］ 人民出版社．中国共产党第十八届中央委员会第二次全体会议公报[M]．北京：人民出版社，2013.

［10］ 郑功成．中国社会保障论 [M]．北京：中国劳动社会保障出版社，2009.

［11］ 列宁．列宁选集：第 3 卷 [M]．《列宁选集》中文版编译部，译．北京：人民出版社，2012.

［12］ 中国李大钊研究会．李大钊全集：第 4 卷 [M]．北京：人民出版社，2006.

［13］ 马克思，恩格斯．马克思恩格斯文集：第 8 卷 [M]．中共中央马克思恩格斯列宁斯大林著作编译局，译．北京：人民出版社，2009.

［14］ 马克思，恩格斯．马克思恩格斯选集：第 3 卷 [M]．中共中央马克思恩格斯列宁斯大林著作编译局，译．北京：人民出版社，1995.

［15］列宁 . 列宁选集：第 1 卷 [M]. 中共中央马克思恩格斯列宁斯大林著作
编译局，译 . 北京：人民出版社，1960.

［16］列宁 . 列宁全集：第 35 卷 [M]. 中共中央马克思恩格斯列宁斯大林著
作编译局，译 . 北京：人民出版社，1987.

［17］马克思，恩格斯 . 马克思恩格斯全集：第 42 卷 [M]. 中共中央马克思
恩格斯列宁斯大林著作编译局，译 . 北京：人民出版社，1979.

［18］十五大报告辅导读本编写组 . 十五大报告辅导读本 [M]. 北京：人民出
版社，1997.

［19］王振川 . 中国改革开放新时期年鉴：2002 年 [M]. 北京：中国民主法制
出版社，2014.

［20］王振川 . 中国改革开放新时期年鉴：2003 年 [M]. 北京：中国民主法制
出版社，2015.

［21］范文澜 . 中国近代史：上册 [M]. 北京：人民出版社，1947.

［22］康有为 . 大同书 [M]. 上海：上海古籍出版社，2009.

［23］人民出版社 . 中国共产党第八次全国代表大会文件 [M]. 北京：人民出
版社，1956.

［24］人民出版社 . 中共中央关于推进农村改革发展若干重大问题的决定 [M].
北京：人民出版社，2008.

二、国内期刊类文献

［25］田德文 . 困境与调整：英国社会保障制度析论 [J]. 欧洲，1996（5）：
54–61.

［26］郑功成 . 智利模式：养老保险私有化改革述评 [J]. 经济学动态，2001
（2）：74–78.

［27］邓大松 . 论美国社会保障发展趋势 [J]. 经济评论，1997（5）：33–38.

［28］丁建定 . 试论近代晚期西欧的社会保障制度 [J]. 史学月刊，1997（4）：
84–89.

［29］ 景天魁．中国社会保障的理念基础 [J].吉林大学社会科学学报，2003
　　　（3）：60-64.

［30］ 李迎生．立足现实、面向未来：农村养老保障制度改革的"过渡模式"
　　　设计 [J].毛泽东邓小平理论研究，2005（10）：44-49.

［31］ 关信平．论我国农村社会救助制度的目标、原则及模式选择 [J].华东
　　　师范大学学报（哲学社会科学版），2006（6）：29-35.

［32］ 刘潜．中国社会保障研究中的"效率"与"公平"[J].重庆工商大学学
　　　报（社会科学版），2006（2）：9-11.

［33］ 郑绍庆．在社保领域中应坚持"公平优先、兼顾效率"原则 [J].理论导刊，
　　　2007（5）：54-56.

［34］ 郑秉文．中国社会保障制度 60 年：成就与教训 [J].中国人口科学，
　　　2009（5）：2-18.

［35］ 关信平．当前我国社会保障制度公平性分析 [J].苏州大学学报（哲学
　　　社会科学版），2013，34（3）：1-9.

［36］ 郑功成．全面理解党的十九大报告与中国特色社会保障体系建设 [J].
　　　国家行政学院学报，2017（6）：8-17.

［37］ 李春根，熊萌之，夏珺．从社会主要矛盾变化看我国社会保障制度改
　　　革方向 [J].社会保障研究，2018（2）：16-20.

［38］ 席恒．新时代、新社保与新政策：党的十九大之后中国社会保障事业
　　　的发展趋势 [J].内蒙古社会科学（汉文版），2019，40（1）：24-30.

［39］ 牛海，孟捷．新时代我国社会保障体系的主要矛盾及其优化路径研究
　　　[J].西北大学学报（哲学社会科学版），2019，49（4）：99-103.

［40］ 郑秉文．中国社保制度改革取向与基本原则 [J].经济研究参考，2019
　　　（12）：127-128.

［41］ 毕天云．"七有"：中国特色社会主义新时代的福利理想 [J].学术探索，
　　　2018（11）：62-68.

［42］ 陈新．马克思主义财富观下的共同富裕：现实图景及实践路径：兼论

对福利政治的超越 [J]. 浙江社会科学，2021（8）：4-10，156.

［43］ 李珍. 新时代：中国社会保障发展的新蓝图 [J]. 社会保障研究，2017
（6）：3-10.

［44］ 景天魁. 底线思维：层次、辨正与意义 [J]. 探索与争鸣，2018（9）：
30-32.

［45］ 高和荣. 底线公平：新时代中国社会保障的价值要求 [J]. 厦门大学学
报（哲学社会科学版），2018（3）：9.

［46］ 俞可平. 社会公平和善治是建设和谐社会的两大基石 [J]. 中国特色社
会主义研究，2005（1）：10-15.

［47］ 陈辉，熊春文. 社会公平：概念再辨析 [J]. 探索，2011（4）：160-
165.

［48］ 麻宝斌，钱花花，杜平. 公平优先于公正：中国民众社会公平认知状
况的实证分析 [J]. 吉林大学社会科学学报，2016，56（2）：72-81.

［49］ 郑功成. 中国社会公平状况分析：价值判断、权益失衡与制度保障 [J].
中国人民大学学报，2009，23（2）：2-11.

［50］ 朱玲. 乡村医疗保险和医疗救助 [J]. 金融研究，2000（5）：11-12.

［51］ 鲁全. 从地方自行试点到中央主导下的央地分责：改革开放 40 年中国
社会保障制度变革的一个解释框架 [J]. 教学与研究，2018（11）：25-
32.

［52］ 薛澜，李宇环. 走向国家治理现代化的政府职能转变：系统思维与改
革取向 [J]. 政治学研究，2014（5）：61-70.

［53］ 郑秉文，于环，高庆波. 新中国 60 年社会保障制度回顾 [J]. 当代中国
史研究，2010，17（2）：48-59，125.

［54］ 杨园争. 病有所医，老有所养：中国农村医疗和养老保障制度七十年
改革回溯与展望 [J]. 社会发展研究，2019，6（1）：185-203，245-
246.

［55］ 郑功成. 面向 2035 年的中国特色社会保障体系建设：基于目标导向的

理论思考与政策建议 [J]. 社会保障评论，2021，5（1）：3-23.

［56］ 郑功成. 以人民为中心：新时代中国民生保障 [J]. 教学与研究，2021（9）：2.

［57］ 何晖，芦艳子. "十三五"时期中国社会保障制度可持续发展研究："十三五"时期中国社会保障理论与实践研讨会综述 [J]. 社会保障研究，2016（3）：90-97.

［58］ 费太安. 健康中国 百年求索：党领导下的我国医疗卫生事业发展历程及经验 [J]. 管理世界，2021，37（11）：3，26-40.

［59］ 郑功成. 中国慈善事业发展：成效、问题与制度完善 [J]. 中共中央党校（国家行政学院）学报，2020，24（6）：52-61.

［60］ 席恒，余澍，李东方. 光荣与梦想：中国共产党社会保障100年回顾 [J]. 管理世界，2021，37（4）：12-24.

［61］ 董克用，沈国权. 党指引下的我国社会保障制度百年变迁 [J]. 行政管理改革，2021（5）：26-35.

［62］ 郑功成. 共同富裕与社会保障的逻辑关系及福利中国建设实践 [J]. 社会保障评论，2022，6（1）：3-22.

［63］ 郑功成，何文炯，童星，等. 社会保障促进共同富裕：理论与实践：学术观点综述 [J]. 西北大学学报（哲学社会科学版），2022，52（4）：35-42.

［64］ 丁建定. 中国共产党百年社会保障政策：时代目标与实践取向 [J]. 社会保障评论，2021，5（2）：20-34.

［65］ 鲁全. 社会保障与地区间共同富裕 [J]. 中国社会保障，2022（4）：36.

［66］ 何文炯. 建设适应共同富裕的社会保障制度 [J]. 社会保障评论，2022，6（1）：23-34.

［67］ 胡秋明. 社会保障协同经济"双高"发展 [J]. 中国社会保障，2020（9）：34-35.

［68］ 李春根，仇泽国. 深化社保改革 推进共同富裕 [J]. 中国社会保障，

2021（12）：40–41.

［69］ 何文炯，杨一心，王璐莎，等.中国生育保障制度改革研究［J］.浙江大学学报（人文社会科学版），2014，44（4）：5–18.

［70］ 杨震林，王亚柯.中国企业养老保险制度再分配效应的实证分析［J］.中国软科学，2007（4）：39–48.

［71］ 彭浩然，申曙光.改革前后我国养老保险制度的收入再分配效应比较研究［J］.统计研究，2007（2）：33–37.

［72］ 何立新，佐藤宏.不同视角下的中国城镇社会保障制度与收入再分配：基于年度收入和终生收入的经验分析［J］.世界经济文汇，2008（5）：45–57.

［73］ 何文炯，潘旭华.基于共同富裕的社会保障制度深化改革［J］.江淮论坛，2021（3）：133–140.

［74］ 谭中和.共同富裕目标下我国社会保障改革关键问题思考：《社会保险法》实施以来中国社会保障成就与展望［J］.中国劳动，2022（1）：48–61.

［75］ 李迎生.中国社会政策改革创新的价值基础：社会公平与社会政策［J］.社会科学，2019（3）：76–88.

［76］ 景天魁.底线公平概念和指标体系：关于社会保障基础理论的探讨［J］.哈尔滨工业大学学报（社会科学版），2013，15（1）：21–34.

［77］ 韩克庆.社会保障公平性的测量准则与效果评估［J］.社会保障研究，2019（3）：82–99.

［78］ 穆怀中.社会保障的生存公平与劳动公平："保障适度"的两维度标准［J］.社会保障评论，2019，3（2）：3–13.

［79］ 孙敬水，吴娉娉.初次分配公平满意度研究：基于起点公平、过程公平、结果公平的微观证据［J］.浙江大学学报（人文社会科学版），2019，49（4）：88–104.

［80］ 孙敬水，吴娉娉.再分配公平满意度研究：基于税负公平、社会保障

公平和转移支付公平的微观证据 [J]. 财经论丛，2019（7）：102–112.

［81］ 景天魁. 大力推进与国情相适应的社会保障制度建设：构建底线公平的福利模式 [J]. 理论前言，2007（18）：5–9.

［82］ 景天魁. 底线公平概念和指标体系：关于社会保障基础理论的探讨 [J]. 哈尔滨工业大学学报（社会科学版），2013，15（1）：21–34，4.

［83］ 毕天云. 论底线公平视阈下的中国社会福利制度体系 [J]. 学习与实践，2011（1）：90–95.

［84］ 毕可影，曾瑞明. 普惠型社会福利的中国理解 [J]. 改革与战略，2014，30（12）：16–19.

［85］ 曾瑞明，毕可影. 普惠型社会福利适度发展的考量维度 [J]. 中共福建省委党校学报，2015（8）：83–88.

［86］ 米红，王丽郦. 从覆盖到衔接：论中国和谐社会保障体系"三步走"战略 [J]. 劳动保障世界（理论版），2010（1）：3–8，151.

［87］ 戴建兵，曹艳春. 论我国适度普惠型社会福利制度的构建与发展 [J]. 华东师范大学学报（哲学社会科学版），2012，44（1）：26–31.

［88］ 丁建定，杨泽. 论西欧社会保障制度的三个体系 [J]. 社会保障研究，2013，17（1）：55–64.

［89］ 曹永红，丁建定. 改革开放以来中国农村养老保障制度体系的变迁与评估：以"社会保障制度三体系"为分析框架 [J]. 理论月刊，2016（7）：140–146.

［90］ 丁建定，曹永红. 共享发展理念视域下中国农村养老保障制度体系的完善：基于"社会保障制度三体系"的分析框架 [J]. 学海，2017（6）：42–47.

［91］ 谭中和. 我国职工医保筹资和待遇水平现状及对有关问题的思考 [J]. 中国医疗保险，2017（6）：9–14.

［92］ 郑功成. 社会保障与国家治理的历史逻辑及未来选择 [J]. 社会保障评论，2017（1）：24–33，62.

［93］ 李实，朱梦冰.中国经济转型40年中居民收入差距的变动[J].管理世界，2018，34（12）：19-28.

［94］ 王延中，龙玉其，江翠萍，等.中国社会保障收入再分配效应研究：以社会保险为例[J].经济研究，2016，51（2）：4-15，41.

［95］ 刘晓梅，曹鸣远，李歆，等.党的十八大以来我国社会保障事业的成就与经验[J].管理世界，2022，38（7）：37-49.

［96］ 隋福民.世界经济发展不平衡、中国文化基因与"一带一路"建设[J].新视野，2015（6）：19-25.

［97］ 孙聚友.儒家大同思想与人类命运共同体建设[J].东岳论丛，2016，37（11）：63-67.

［98］ 张怀民，尹紫薇.论共享发展理念对传统大同思想的继承与发展[J].学校党建与思想教育，2017（18）：4-6.

［99］ 孙浩进.中国近代财富分配思想论析[J].中州学刊，2014（4）：144-147.

［100］薛虹，葛雨薇.共享发展理念对天下大同思想的继承与发展[J].江苏工程职业技术学院学报，2019，19（3）：44-47.

［101］谢小飞，吴家华.中国共产党追求共同富裕的百年历程与启示[J].西南民族大学学报（人文社会科学版），2021，42（7）：53-58.

［102］翟绍果.从民生之制到民生善治：中国共产党民生治理的百年征程[J].人民论坛·学术前沿，2021（19）：21-29.

［103］田克勤，张林.中国共产党为实现全体人民共同富裕的百年奋斗[J].思想理论教育导刊，2021（6）：35-43.

［104］苗瑞丹.论马克思恩格斯发展成果由人民共享思想及其现实启示[J].求实，2013（7）：8-12.

［105］孙浩进.西方收入分配理论的扬弃：兼论对中国收入分配改革的启示[J].学术交流，2008（10）：47-51.

［106］阎云翔.差序格局与中国文化的等级观[J].社会学研究，2006（4）：

201–213，245–246.

[107] 许燕．看客心理特征辨析 [J]．人民论坛，2014（25）：32–34.

[108] 周凯．百年回眸：中国共产党领导的第一个新型农民组织 [J]．浙江档案，2021（7）：17–18.

[109] 中国共产党第七届中央委员会举行第四次全体会议的公报 [J]．山西政报，1954（8）：1–4.

[110] 路风．单位：一种特殊的社会组织形式 [J]．中国社会科学，1989（1）：71–88.

[111] 孟颖颖．中国社会保险行政管理体制的历史变迁及改革方向思考 [J]．贵州社会科学，2011（9）：29–33.

三、国内学位论文类文献

[112] 江华．中国社会保障经济公平的非均衡发展研究 [D]．北京：首都经济贸易大学，2013.

[113] 王一．公民权利视角下社会保障制度"去身份化"问题研究 [D]．长春：吉林大学，2015.

四、国内报纸类文献、报告类文献及线上类文献

[114] 中共中央关于加强人民政协工作的意见：摘要 [N]．人民日报，2006-03-02（1）.

[115] 中华人民共和国政府信息公开条例 [N]．人民日报，2007-04-25（8）.

[116] 人民日报．学习贯彻党的十八届四中全会精神 [N]．人民日报，2014-10-25（2）.

[117] 中共中央关于制定国民经济和社会发展第十四个五年规划和二〇三五年远景目标的建议 [N]．人民日报，2020-11-04（1）.

[118] 中共十九届五中全会在京举行 [N]．人民日报，2020-10-30（1）.

[119] 苏德悦．我国网民规模达 10.3 亿互联网普及率达 73%[N]．人民邮电，

2022-02-28（1）.

［120］中共中央关于党的百年奋斗重大成就和历史经验的决议 [N]. 人民日报，2021-11-17（1）.

［121］李心萍. 推动社会保障事业高质量发展：访人力资源和社会保障部有关负责人 [N/OL]. 人民日报，2022-04-01[2023-03-30].http：//www. mohrss.gov.cn/SYrlzyhshbzb/dongtaixinwen/buneiyaowen/rsxw/202204/t20220401_442021.html.

［122］国家统计局. 中华人民共和国 2020 年国民经济和社会发展统计公报 [R/OL].（2021-02-28）[2023-03-30].https：//www.gov.cn/xinwen/2021-02/28/content_5589283.html.

［123］国家医保局.2020 年全国医疗保障事业发展统计公报 [R/OL].（2021-06-08）[2022-01-20].http：//www. nhsa. gov. cn/art/2021/6/8/art7_5232. html.

［124］劳动和社会保障部，国家统计局.2000 年度劳动和社会保障事业发展统计公报 [R/OL].（2006-03-01）[2023-03-30].http：//www.mohrss.gov.cn/SYrlzyhshbzb/zwgk/szrs/tjgb/200603/t20060301_69895.html.

［125］国家医保局.2020 年全国医疗保障事业发展统计公报 [R/OL].（2021-06-08）[2022-01-20].http：//www. nhsa. gov. cn/art/2021/6/8/art7_5232. html.

［126］国家医疗保障局. 国家医疗保障局关于政协十三届全国委员会第四次会议第2844号(医疗体育类152号)提案答复的函[A/OL].（2021-09-09）[2023-03-30].http：//www.nhsa.gov.cn/art/2021/10/26/art_26_7242.html.

［127］温璐，宋子节. 民政部：多措并举保障节日期间困难群众基本生活 [EB/OL].（2022-01-25）[2023-03-30].http：//society.people.com.cn/n1/2022/0125/c1008-32339344.html.

［128］苏琳. "学习贯彻十九大精神、展望社保发展前景" 座谈会在京召开 [EB/OL].（2017-10-26）[2023-03-30].http：//www.ce.cn/xwzx/gnsz/

gdxw/201710/26/t20171026_26669325.shtml.

［129］新华社 . 从数据看十六大以来十年间的民生保障和改善情况 [EB/
OL]. （2012-08-13）[2022-04-21].http：//www.Scio.gov.cn/zhzc/8/4/
Document/1202078 /1202078.html.

五、外文类文献

［130］Roy Rothwell，Walter Zegveld.*Reindustrialization and Technology*[M].
London：Longman Group Limited，1985.

［131］田多英範 . 現代中国の保障制度 [M]. 日本：流通経済大学出版会，
2004.

［132］埋橋孝文，于洋，徐栄 . 中国の弱者層と社会保障：「改革開放」の
光と影 [M]. 日本：明石書店，2012.

［133］沈潔，澤田ゆかり . ポスト改革期の中国社会保障はどうなるのか：
選別主義から普遍主義への転換の中で [M]. 日本：ミネルヴァ書房，
2016.

［134］若林敬子 . 近年にみる東アジアの少子高齢化 [J]. アジア研究，2006
（2）：35-36.

［135］黄声遠 . 中国社会保障制度の現段階の理論と最近の動向 [J]. 大坂経
大論集・第 69 巻第 1 号，2018：17-18.